Dehn/Maack-Wantzen

Therapie der Muskelverspannungen

Therapie der Muskelverspannungen

Gezielte manuelle Lösung durch den reflexzonen-orientierten Spiraldruck

Von Inge Dehn und
Dr. med. Petra Maack-Wantzen

Mit 10 Abbildungen

HAUG

Karl F. Haug Verlag · Heidelberg

Die Deutsche Bibliothek - CIP-Einheitsaufnahme

Dehn, Inge:
Therapie der Muskelverspannungen: gezielte manuelle Lösung durch den reflexzonenorientierten Spiraldruck / von Inge Dehn und Petra Maack-Wantzen. - Heidelberg: Haug, 1991
ISBN 3-7760-1217-X
NE: Maack-Wantzen, Petra:

Titel-Nr. 2217 · ISBN 3-7760-1217-X

Gesamtherstellung: Progressdruck GmbH, 6720 Speyer/Rhein

Inhalt

Vorwort

Frau Dehn lernte ich 1985 kennen – und damit auch ihre Behandlungsmethode zur Beseitigung muskulärer Verspannungen.

In den folgenden Jahren entwickelte sie die von ihr gefundene „Karte“ der Fußreflexzonen der Skelettmuskulatur weiter und fand für eine Reihe von Krankheitsbildern stereotype Gesetzmäßigkeiten im Muster der muskulären Verspannungen, die sich als Ursache dieser Erkrankungen erwiesen. Frau Dehns Erfolge mit ihrer Spiraldruck-Therapie bei diesen Patienten übertraf alle mir bis dahin in der Medizin bekannten Methoden. Ich habe diese Therapie unter der persönlichen Anleitung von Frau Dehn an Patienten gelernt und bin von dieser Behandlungsform immer mehr überzeugt.

Frau Dehn hat mich gebeten, ihr zu helfen, die Grundlagen ihrer Behandlungsmethode und die von ihr gefundenen besonderen Zusammenhänge zu veröffentlichen, um diese Technik einem größeren Kreis vorzustellen. Ich bin diesem Wunsch gern gefolgt und hoffe sehr, daß dieses Buch mithelfen wird, eine gute manuelle Behandlungsmethode allgemein bekannt zu machen.

Gau-Algesheim, Herbst 1991 Dr. med. Petra Maack-Wantzen

Einführung

Die vorliegende Abhandlung beschreibt eine neue Methode zur umfassenden manuellen Behandlung muskulärer Verspannungen – die „Dehnsche Therapie“ – und ist ein begleitendes Kompendium zum praktischen Kursus dieser „reflexzonen-orientierten Spiraldruck-Behandlung“ von Frau Inge Dehn.

Nach einer allgemeinen Beschreibung dieser Methode wird in einem speziellen Abschnitt auf einige typische Krankheitsbilder eingegangen, deren Ursachen in muskulären Verspannungen zu suchen sind (für einige dieser Syndrome eine grundlegend neue Definition) und die nach bisherigen Verfahren kaum oder nur sehr langwierig zu therapieren sind, u. a. Steißbein-Syndrom, Lendenwirbelsäulen (LWS)-Syndrom und Ischialgie, Halswirbelsäulen (HWS)-Syndrom und Schleudertrauma, Carpaltunnelsyndrom (CTS) und Epicondylitis humeri („Tennisarm“). Wie alle muskulären Verspannungen sind auch diese Schmerzsyndrome mit der Spiraldruck-Behandlung schnell und effektiv zu behandeln, so daß selbst Operationen vermeidbar werden; das ist eine therapeutische Innovation.

Folgende Überlegungen liegen allen Therapieansätzen der reflexzonen-orientierten Spiraldruck-Behandlung zugrunde:

1. Fehlbelastungen oder einseitige Überbelastung, auch Kälteeinwirkung, führen zu muskulären Verspannungen und Verhärtungen.
2. Ständige muskuläre Verspannung bewirkt durch anhaltenden unphysiologischen Muskelzug eine Fehlfunktion in Muskelzusammenspiel, Knochengerüst und Gelenken mit nachfolgenden Bewegungseinschränkungen und Schmerzen.
   Dabei hat die Muskulatur des Schultergürtels eine Schlüsselposition mit Auswirkungen auf Hand, Arm, Hals und Brustwirbelsäule; die zweite Schlüsselregion ist das Becken mit den engen Verbindungen seiner Muskulatur zu Füßen, Beinen, Wirbelsäule und Rücken. Immer ergeben sich „Muskel-Glieder-Ketten“, über die sich Verspannungszüge fortsetzen und an z. T. weit entfernten anatomischen Punkten auswirken.
3. Ansetzen einer Behandlung an diesen schmerzenden „Endpunkten“ muß unbefriedigend bleiben, wenn nicht die ursächlich für alle Be-

schwerden verantwortlichen Muskelverspannungen gelöst werden. Auch die nervale Versorgung ist oft von Muskelverspannungen mitbetroffen. Gerade im Bereich der beiden Schlüsselregionen Schultergürtel und Becken bilden die Spinalnerven (Rückenmarksnerven) Verbindungsgeflechte (Plexus), ehe sie sich zu Strängen aufzweigen und als einzelne Nerven in die Peripherie weiterziehen. Muskuläre Verspannungen in der Nähe dieser Plexus und Nervenbahnen können dabei den Nerven einengen, was sich bis in den peripheren Versorgungsbereich dieses Nerven hinein auswirken kann. Eine Behandlung dieser peripheren Störung bewirkt dabei nichts, wenn nicht die ursächliche „zentrale" muskuläre Verspannung beseitigt wird.

Hier greift die Dehnsche Therapie der reflexzonen-orientierten Spiraldruck-Behandlung in vier aufeinander aufbauenden Schritten an:

1. Beeinflussung der vegetativen Grundspannung.
2. Feststellen der betroffenen Muskeln und Muskelgruppen durch Fußreflexzonen-Diagnostik.
3. Beseitigung der einzelnen muskulären Verspannungen (Hartspann und Myogelosen) durch gezielten Spiraldruck.
4. „Harmonisierung" des Körpers durch Meridianstrom-Aktivierung mittels Akupressur sowie Bauchmassage.

Langjähriger Erfahrung nach lassen sich alle Beschwerdebilder schon nach ein bis zwei Behandlungen von je etwa einer Stunde Dauer wesentlich bessern, oft sogar restlos beseitigen. Lediglich bereits chronisch bestehende Erkrankungen erfordern einen längeren Behandlungszeitraum, und manifeste Nervenläsionen mit eingetretener Muskelatrophie brauchen längere Zeit zur Regeneration.

Die Lösung der Verspannung durch den Spiraldruck ist zwar mitunter für einen kurzen Moment sehr schmerzhaft, aber die vorher bestehenden Bewegungseinschränkungen und Schmerzen sind sofort behoben, und es gibt keine Nachwirkungen der Therapie (wie z. B. eine vorübergehende Verschlimmerung der Beschwerden nach einer Massage). Bei entsprechend disponierten Patienten können lediglich an der Stelle des Spiraldruckes vorübergehend Hämatome auftreten.

Wenn durch die Behandlung die muskulären Verspannungen gelöst sind, können sich krankengymnastische Übungen anschließen; sie ermöglichen einerseits – z. B. durch Bewegungen gegen Widerstand – noch bestehende Restverspannungen aufzuspüren und geben andererseits Hilfestellungen, Verspannungen möglichst ganz zu vermeiden – z. B. durch Erlernen physiologisch richtiger Bewegungsabläufe ohne unnötiges Anspannen nicht benötigter Muskelpartien – oder ihnen durch ein gezieltes Ausgleichstraining der unterbeanspruchten Muskelgruppen entgegenzuwirken – denkbar z. B. nach einseitiger anhaltender Belastung oder extremer Körperhaltung.

Die Dehnsche Therapie ist eine manuelle Ganzheitsmethode, die bei Schmerzsyndromen, verursacht durch muskuläre Verspannungen, durch Berücksichtigung bisher zu wenig beachteter anatomisch-funktioneller Zusammenhänge weitgehender, einfacher und schneller als bisherige Verfahren helfen kann. Die Therapie erfordert keinerlei technische Hilfsmittel, ist jedoch angewiesen auf ein sehr subtiles Tastempfinden, Einfühlungsvermögen und Konzentration. Absolut notwendig ist, die Myologie so zu beherrschen, daß man Muskelansätze und -verläufe, auch die Fortsetzungen der Zuglinien über die Gelenke hinweg, nicht nur theoretisch im Kopf hat, sondern auch austasten kann. Selbst die geringste Verspannung wird damit auffindbar.

Das Buch – wie auch der praktische Kursus – wendet sich in erster Linie an manuell Tätige (z. B. Masseure und Krankengymnasten) wie auch ganzheitlich orientierte Mediziner, denen damit eine einfache, aber umfassende Behandlungsmethode vielfältiger, therapeutisch sonst oft schwer angehbarer Beschwerdebilder an die Hand gegeben wird.

Fußreflexzonen-Diagnostik

Eine schnelle und einfache Methode, funktionelle Störungen des menschlichen Organismus zu lokalisieren, ist das „Abfragen" der Fußreflexzonen am entspannt auf dem Rücken liegenden Patienten. In Reflexzonen ist auf kleinstem Raum der gesamte Körper „abgebildet"; solche Mikrosysteme (Gleditsch) gibt es z. B. für die Ohrmuschel, in der Hand oder auch auf der Zunge. Asiatische Medizin-Traditionen kennen dieses Phänomen schon lange und nutzen es z. B. in Akupunktur-Therapien. Auch auf dem Fuß ist der gesamte Mensch abgebildet. Frau Dehn fand heraus, daß sich nicht nur die inneren Organe, sondern auch die gesamte Muskulatur in Fußreflexzonen einzeln genau lokalisieren läßt. Die Lagebeziehungen der Reflexzonen am Fuß entsprechen dabei der räumlichen Anordnung von Organen und Muskeln in der entsprechenden Körperhälfte; alle Fußreflexzonen von Muskeln liegen in den Außenbereichen des Fußes.

Eine Störung in einem Organ oder auch die Verspannung eines Muskels bewirkt, daß die entsprechende, eng umschriebene Reflexzone am Fuß auf Druck schmerzempfindlich ist. Fußreflexzonen intakter Bereiche sind dagegen auch bei starkem Druck auf diese Zone unempfindlich. So sind exakte Diagnosen darüber zu stellen, welcher Muskel verspannt ist und durch seine Verspannung eine Organfunktion behindert oder einen falschen Zug an Wirbelsäule, Gelenken oder anderen Muskeln einer Funktionseinheit ausübt; auf engstem Raum ist am Fuß bereits festzustellen, in welchen Bereichen des Körpers dann mit dem Spiraldruck zu behandeln sein wird: Bei Druck auf die einzelnen – sehr nahe beieinander liegenden – Fußreflexzonen fragt man nach Schmerzempfindlichkeit dieser Zone und ordnet danach das Krankheitsbild ein.

Die Dehnsche Therapie ist in erster Linie eine Methode zur Behandlung muskulärer Verspannungen und ihrer Schmerzsyndrome. Patienten mit grundlegenden inneren Erkrankungen, die ebenfalls durch Veränderungen der Fußreflexzonen erkennbar sind – oft schon sehr früh – (Schmerzempfindlichkeit, Blässe, Verdickung oder Verhornung des Hautareals, das als Fußreflexzone das betroffene Organ repräsentiert), gehören in die Hand entsprechender Fachärzte.

Es gibt jedoch erstaunliche Zusammenhänge zwischen Muskeln, Gefäßen und Nerven und damit auch zu anderen Organen. So verschwinden nach zahnärztlicher Behandlung z. B. oft auch vorher bestehende Muskelverspannungen und Herzbeschwerden, oder Unterleibsbeschwerden nach Spiraldruck-Behandlung des M. piriformis; letzteres ist erklärbar durch Muskelverzahnungen in der Schlüsselregion Becken – erstaunlicherweise kann aber der Patient nach der Behandlung der Muskelverspannungen im Beckenbereich z. B. auch wieder riechen, was vorher nicht möglich war.

Ein weiteres Beispiel für die Verkettung von muskulärer Verspannung und Funktionseinschränkung eines Organs ist der Musculus latissimus dorsi, der nicht nur Beschwerden in der Schulterregion verursacht, sondern auch die Nierenfunktion beeinträchtigen kann; die Beseitigung der Verspannung führt dann auch wieder zu einer ungehinderten Arbeit der Nieren.

Die Fußreflexzonen (FRZ) der Muskulatur sind in der Dehnschen Therapie die diagnostische Richtschnur. Schmerzen in den FRZ lassen sich nicht mehr nachweisen, wenn der entsprechende verspannte Muskelbereich behandelt worden ist; vor **und** nach der Behandlung mit dem Spiraldruck werden darum die FRZ geprüft. Die am Ende der Behandlung völlig schmerzfreien Muskel-FRZ sind die direkte Kontrolle für eine erfolgreiche Therapie; dabei ist die selbstbeobachtende Mithilfe des Patienten wichtig.

FRZ innerer Organe, die nach Beseitigung muskulärer Verspannungen ihrer Umgebung immer noch schmerzempfindlich sind, geben Hinweise auf eine krankheitsbedingte, nicht funktionelle Organstörung: Hier sollten sich fachärztliche Untersuchungen anschließen. Schmerz der FRZ Augen z. B. kann auf ein bestehendes Glaukom hinweisen.

Bei der Prüfung der Muskel-FRZ treten Schmerzen nur dort auf, wo durch verspannte Muskeln ein unphysiologischer Zug auf benachbarte Strukturen ausgeübt wird. Verspannung bedeutet Verkürzung des Muskels, die soweit gehen kann, daß z. B. Wirbelkörper oder Zwischenwirbelscheiben aus ihrer Position gebracht oder Nerven an ihren Durchtrittsstellen an Knochen oder Muskeln eingeengt werden. Daraus resultieren Schmerz und Bewegungseinschränkung sowie auch der Übertragungsschmerz in der FRZ. Störungen sind immer verursacht durch Änderungen im Muskel**gefüge**; da alle Bewegungen im Zusam-

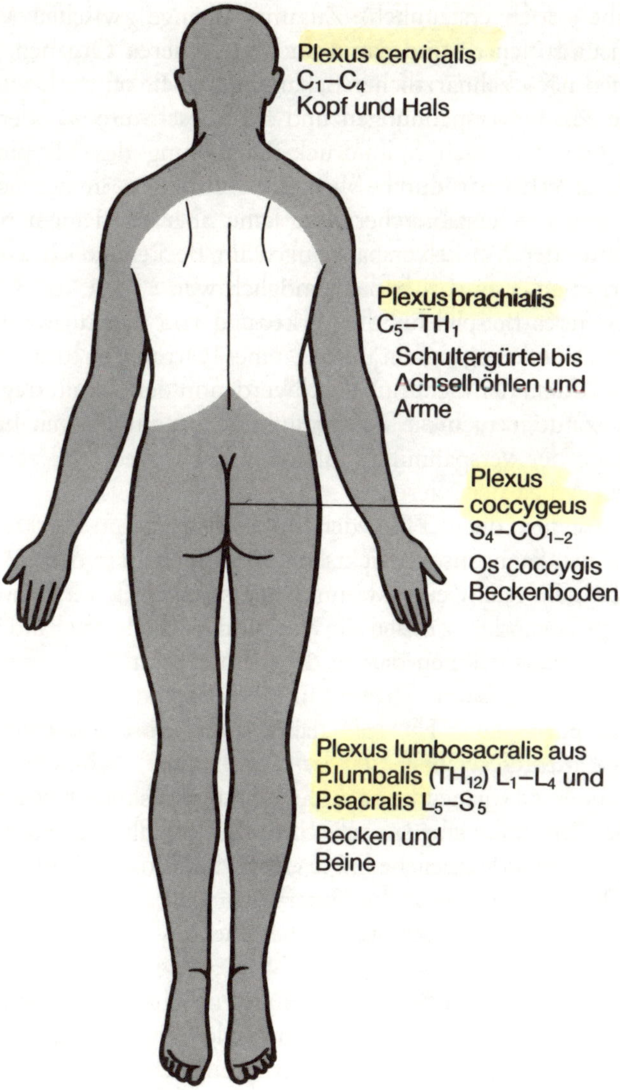

Abb. 1
Versorgungsbereiche der fünf Nervengeflechte (Plexus)
des menschlichen Körpers

Die vorderen Äste der Rückenmarksnerven (Spinalnerven) – außer den 12 Brustnerven, die zwischen den Rippen verlaufen – bilden durch Verbindungen miteinander Geflechte (Plexus), aus denen dann die selbständigen peripheren Nerven hervorgehen.

menwirken mehrerer Muskeln ablaufen, die dicht nebeneinander ansetzen, ist von einer Störung nie ein Muskel allein betroffen, sondern immer auch Nachbarstrukturen und Funktionseinheiten. Dementsprechend findet man immer auch mehrere FRZ zusammen druckempfindlich.

Vergegenwärtigt man sich bei allen gefundenen muskulären Veränderungen, von welchem Nerven, aus welchem Plexus dieser Bereich versorgt wird (Abb. 1), und wo dieser und versorgende Gefäße an der Wirbelsäule oder in den beiden Schlüsselregionen zu finden sind, so wird die Störung vollständig erfaßt und der notwendigen umfassenden Behandlung zugänglich. Mit dieser vollständigen Erfassung wird auch die Untersuchung und Behandlung von Behinderten oder fremdsprachigen Patienten mit fehlender sprachlicher Kommunikation möglich.

Zuerst werden die FRZ für Kopf und Wirbelsäule abgetastet (Abb. 2). Dazu drückt man mit einem Finger fest auf die Zehenkuppen. Hier liegen die FRZ für Zu- und Abflüsse (einschließlich Lymphsystem) zum Kopf (Großzehe) sowie für Kopf und Gehirn. Sind die FRZ auf der Großzehe druckempfindlich, so schmerzen oft auch die FRZ für Auge und Ohr (Abb. 9b, Seite 59). Nach Behandlung der Gefäßfluß-Behinderungen (durch Muskelverspannungen im Halsbereich) sind in der Regel alle diese FRZ frei. Bei anhaltendem Schmerz liegt eine organische Krankheitsursache an Kopf, Auge oder Ohr vor, die fachärztlicher Behandlung bedarf. Auch schadhafte Zähne lassen sich durch die Druckempfindlichkeit der FRZ Ober- und Unterkiefer nachweisen, ebenso Nebenhöhlenentzündungen; diese sind jedoch Nebenbefunde, die zwar zu erheben, aber nicht durch die Dehnsche Therapie behebbar sind.

Zur systematischen Kontrolle der FRZ für die Wirbelsäule „sägt" man mit der Kante des ersten Daumengliedes die Außenseite der Großzehe entlang, beginnend unmittelbar proximal des Zehenendgliedes in Richtung auf das Grundgelenk. Hier liegen die FRZ der Halswirbelsäule (HWS), entsprechend dem 1. bis 7. Halswirbelkörper (HWK). Proximal des Großzehengrundgelenkes, an der plantaren Außenkante des ersten Mittelfußstrahles, liegen die FRZ der Brustwirbelsäule (BWS); der folgende Außenbezirk bis zum Beginn der Ferse trägt die FRZ von Lendenwirbelsäule (LWS), Kreuz- und Steißbein.

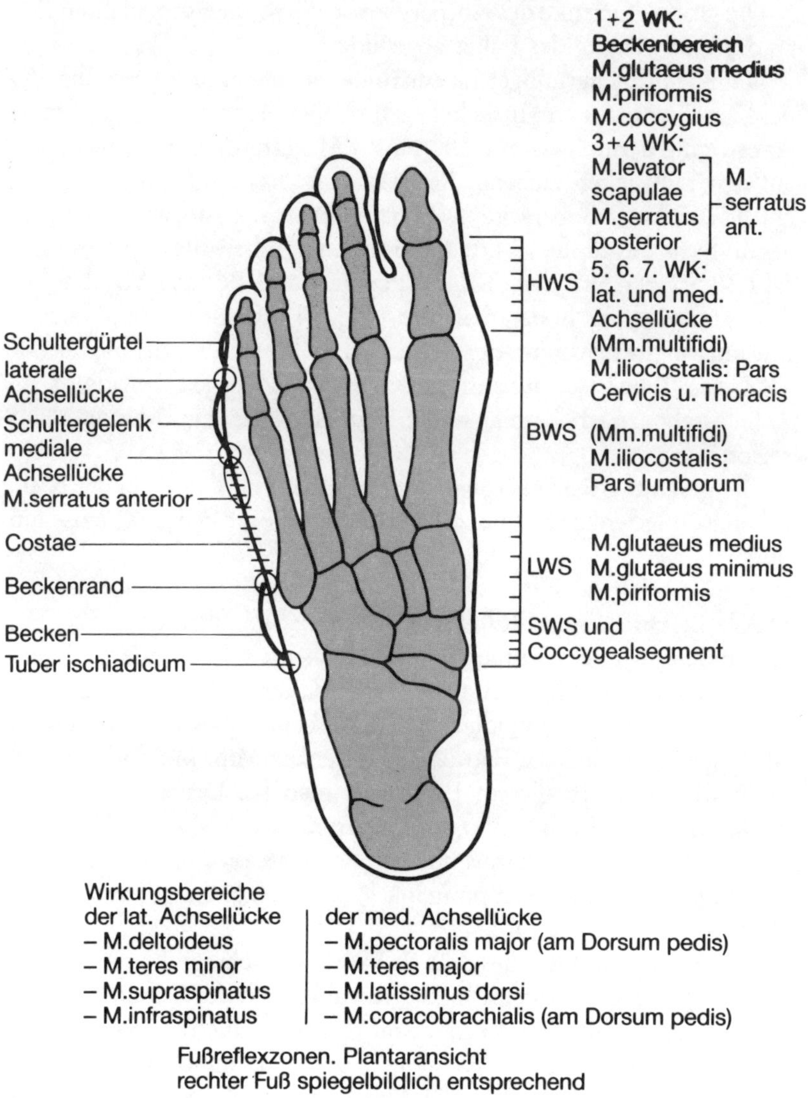

Abb. 2
Fußreflexzonen: Aufsicht von unten auf die Fußsohle
(Plantaransicht)

Lage der Abschnitte der Wirbelsäule
und der hier repräsentierten Muskeln in den Reflexzonen am Fuß

Die großen Gelenke des Körpers sowie die Rippen sind in ihren FRZ an der Außenkante des Fußes abgebildet:

Das Kleinzehengrundgelenk entspricht dem Schultergelenk, die FRZ der hier einwirkenden Muskeln liegen entsprechend ihrer anatomischen Anordnung darum herum (Musculus = M. serratus anterior nach oben auf den Fußrücken ziehend, M. pectoralis major und M. coracobrachialis auf der Fußoberseite, s. Abb. 3). Die nach außen hin vorspringende Basis des fünften Mittelfußknochens (Tuberositas ossis metatarsalis V) ist der Sitz der FRZ Beckenrand und Becken, von hier zur Fußunterseite hin findet man die FRZ M. piriformis und Glutealmuskulatur. In der hinter der Zehenbasis gelegenen Vertiefung liegt die FRZ des Tuber ischiadicum mit dem M. coccygeus. Beidseits der Achillessehne nach kranial findet man die FRZ für die Unterleibsregion.

Die gesamte Kleinzehenseite der Fußsohle von unterhalb des Kleinzehengrundgelenkes bis hin zur Ferse trägt die FRZ des M. latissimus dorsi.

Alle beschriebenen FRZ werden systematisch abgesucht. Folgende Kombinationen von Schmerzempfindlichkeit sind besonders häufig:

Schmerzen die FRZ des **1. + 2. HWK**, so sind auch die Bereiche des 1. – 5. LWK empfindlich, da diese beiden Regionen durch den M. longissimus und die Fortführung über die Mm. multifidi am Hals verbunden sind. In diesem Fall findet man bei Druck auf die FRZ Beckenrand und Becken dort auch die Ansätze der Muskeln M. gluteus medius, M. gluteus minimus und evtl. auch M. piriformis schmerzhaft verändert. Bei dieser Symptomatik ist die Behandlung primär in der Beckenregion anzusetzen.

Schmerzen die FRZ des **3. + 4. HWK**, so schmerzt auch die FRZ Schultergürtel und besonders die FRZ unterhalb des Schultergelenkes, dort wo auf den Rippen der M. serratus anterior ansetzt. Jetzt sind auch die Ansätze des M. pectoralis major, M. pectoralis minor und M. coracobrachialis auf der oberen Seite des Fußes, an der FRZ Schultergelenk, zu prüfen. Meistens verursacht der M. serratus anterior die größten Schmerzen und Beschwerden; er wird deshalb zuerst behandelt.

Bei Schmerz der FRZ **5. – 7. HWK** prüft man an der FRZ Schultergelenk den oberen Punkt, der übertragen den Ansätzen der Muskeln M. supraspinatus, M. infraspinatus und M. teres minor entspricht

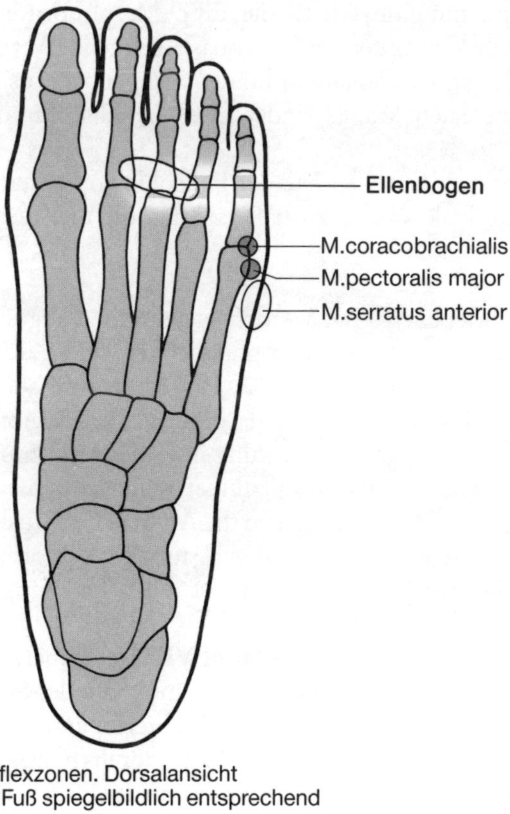

Abb. 3
Fußreflexzonen: Repräsentation der Gelenke und Muskeln auf der Fußoberseite (Dorsalansicht)

(laterale Achsellücke), und auch die FRZ der Muskeln M. latissimus dorsi, M. teres major und M. pectoralis major (mediale Achsellücke). So läßt sich auf das Genaueste bestimmen, wo in der Schulterregion zu arbeiten sein wird.

Schmerz in den Bereichen der FRZ **1. – 5. LWK** und Beckenrand kann auch ohne Beteiligung des 1. + 2. HWK auftreten. Das hängt vom Grad der Beteiligung der Mm. gluteus medius und piriformis ab; letzterer muß nicht immer betroffen sein.

Schmerz der FRZ **1. – 5. SWK** und Sitzbeinknorren ist verursacht durch Verspannung des M. coccygeus.

Vegetative Grundspannung

Einer der grundlegenden Schritte in der Dehnschen Therapie ist die Prüfung der vegetativen Grundspannung des Patienten.

Sie ist feststellbar an der Spannung der Aponeurosis plantaris, die am Tuber calcanei entspringt und in mehreren Längszügen zu den Zehengrundgelenken zieht. Ist dieser Bereich schmerzhaft und angespannt, so ist das ein Hinweis darauf, daß der Patient insgesamt innerlich angespannt und „bedrückt" ist oder sehr unter Streß steht.

Auf diese Anspannung kann man in drei ineinandergreifenden Ebenen Einfluß nehmen.

Begonnen wird im Kopfbereich mit der Lösung der Spannung des M. occipitofrontalis. Dieser Muskel geht von seinem hinteren Teil, dem M. occipitalis (Ursprung an der linea nuchae superior des Hinterhauptbeines) in die Galea aponeurotica über, eine dünne, derbe Sehnenplatte, die mit der Kopfhaut fest verbunden ist und das ganze Schädeldach überzieht, und endet mit seinem vorderen Teil, dem M. frontalis (Ursprung an der Galea in Höhe der vorderen Haargrenze), als breite Muskelplatte unter der Stirnhaut abwärts laufend, in der Haut der Augenbraue. Seine seitlichen Anteile, M. temporoparietalis, ziehen von der Innenseite des Ohrknorpels fächerförmig in den lateralen Teil der Galea (Abb. 4, S. 22).

Eine Verspannung in diesem Bereich hat auch drückende Kopfschmerzen zur Folge mit „Schleiersehen" und Benommenheit, die Kopfhaut ist „verschwartet" und schmerzt bei Berührung, besonders auf der Kopfhöhe am Übergang zum Hinterhauptbein und oberhalb der Ohren.

Zur Lösung der Verspannung massiert man am entspannt auf dem Rücken liegenden Patienten mit den Fingerkuppen fest die Winkel beiderseits zwischen linea nuchae superior und Nackenmuskulatur; meist ist hier ein umschriebener Bezirk gelotisch verändert, und der Patient gibt eine unangenehme Empfindung von Schmerz und Frösteln an, die langsam nachläßt.

Nach Lösung der dorsalen Muskelanteile folgt die Behandlung der ventralen und kranialen Partien:

Die Verspannung des M. frontalis fühlt man als nadeldünne Stränge von der Augenbraue die Stirn aufwärts. Reibt man diese Stränge mit kräftigem, spiraligen Fingerdruck aufwärts nach und beseitigt die Verschwartung der Galea von vorn nach hinten, auch über die Kopfseiten oberhalb der Ohren hinweg, mit kräftiger Fingermassage (wie bei einer starken Kopfwäsche), so löst sich mit den Muskelverspannungen auch der Druck der Galea auf das Schädeldach und damit der Kopfschmerz.

Der Druckausgleich zwischen dem äußeren und inneren Venensystem des Kopfes ist über die Vv. emissariae – der canalis condylaris liegt im Ursprungsgebiet des M. trapezius – dann wieder möglich, die oben genannten Beschwerden sind damit beseitigt, der Patient fühlt sich „freier".

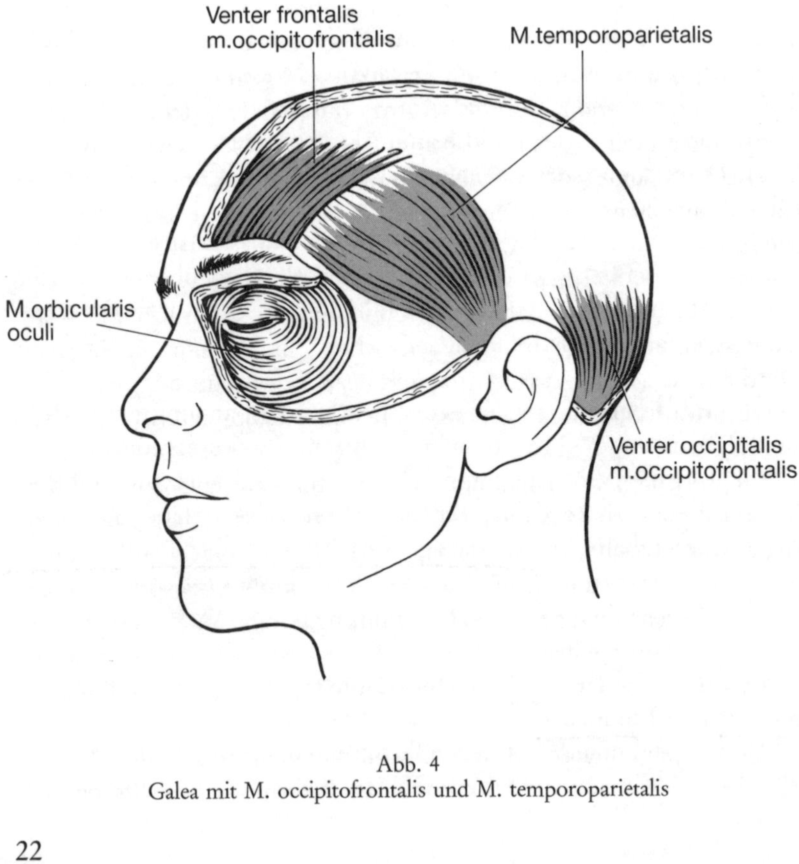

Abb. 4
Galea mit M. occipitofrontalis und M. temporoparietalis

Für die vegetative Anspannung in der zweiten Ebene, der Thoraxregion, ist eine Verhärtung des M. masseter charakteristisch. Kreislauf und Atmung werden in dieser Ebene beeinflußt, und durch Einwirkungen des vegetativen Nervensystems (Sympathikus und Parasympathikus) sind Tonus und Funktion von Lymphbahnen und -knoten gestört, mit nachfolgender Beeinträchtigung des Lymphabflusses von den oberflächlichen über die tiefen Lymphbahnen in das Venensystem. Beim Abtasten der vorderen Rumpfwand des Patienten mit lose aufgelegten Fingergliedern imponieren die gestauten Lymphbahnen und -schaltstationen als Stauungsstränge und Knötchen, vor allem im Bereich des M. pectoralis major. Hat man die Verspannungen des M. pectoralis entlang seiner Ursprungslinie vom Sternum über die Rippen durch Rubbelmassage gelöst, so kann man diese lymphatische Aufstauung durch ganz leichtes, drehendes Bewegen der Fingerkuppen auf dem M. pectoralis major vom Ursprung Richtung Ansatz, besonders im Bereich der Unterschlüsselbeingruben lösen, entsprechend dem Verlauf der Lymphabflußwege von der Brustvorderwand zur Achsel. Ist die Stauung hier beseitigt, ist immer auch der Verlauf der Lymphbahnen von Gesicht, Ohrbereich und Kaumuskel über den Unterkiefer-Hals-Winkel frei; die Masseteren sind jetzt ganz weich. Oft wird auch eine verstopfte Nase frei, und bei vorher ständig trockenen, gereizten Bindehäuten kann wieder ausreichend Tränenflüssigkeit entstehen.

Erstaunlicherweise wird dem Patienten plötzlich überall, auch im Bauchbereich, oft bis zu den Füßen hinunter, wieder warm: Der vegetative Kreislauf ist wieder intakt.

Die dritte Ebene, in der sich eine vegetative Anspannung manifestiert, ist der Bauchraum. Hier besteht dann eine Funktionsstörung vieler innerer Organe (Verdauungsapparat mit Leber und Milz sowie Libido). Die entsprechenden FRZ innerer Organe sind schmerzhaft oder weisen sogar schmerzhafte knötchenartige Verhärtungen auf. Diese vegetativ bedingten „Verspannungen" lösen sich am ehesten durch eine ausgedehnte Bauchmassage mit ihrem indirekten Einfluß auf das nervale Zentrum des Sonnengeflechts (s. Kap. Körper-Harmonisierung), anschließend beseitigt man Restverspannungen der Aponeurosis plantaris durch leichte Massage der inneren Fußsohle.

Akupressiert man nach dieser Massage die entsprechenden Meridiane der inneren Organe und den Dreifacherwärmer (s. Kap. Körper-

Harmonisierung), so tritt schnell eine Erleichterung ein, der Bauch wird weich, der Darm arbeitet wieder und der Körper wird von Wärme durchströmt. Oft empfinden die Patienten hinterher „Leichtigkeit“ oder „Wärme“ und haben ein Gefühl, als seien sie „neugeboren“, „in Ordnung gebracht“. Nach der Regulierung dieser vegetativen Grundspannung sind die FRZ verspannter Muskulatur meist schon erheblich weniger schmerzhaft und viele Beschwerden bereits ganz verschwunden. Es wäre jedoch falsch, eine Behandlung an diesem Punkt abzubrechen: Die noch bestehenden rein muskulären Verspannungen vor allem im Bereich der beiden Schlüsselregionen Schulter und Becken müssen anschließend mit dem Spiraldruck beseitigt werden, soll der Körper wirklich wieder vollständig funktionsfähig sein. Die Behandlung mit dem Spiraldruck läßt sich aber wesentlich besser ertragen als ohne diese allgemeine Vorbehandlung.

Seelischer Zustand und organische (einschließlich Muskel-)Funktion sind also sehr eng miteinander gekoppelt und beeinflussen sich gegenseitig. Eine vollständige Behandlung muß immer **beide** Komponenten einschließen. Der erste Schritt sollte immer die „seelische“, vegetative Entspannung sein, auf die die Lösung der muskulären Verspannungen aufbaut.

Rheumatoide Beschwerden

Besondere Erwähnung erfordert der Problemkreis der rheumatoiden Beschwerden, die bei fast allen Patienten zunehmend häufiger auftreten, besonders im Frühjahr und Herbst und bei häufigen Witterungsumschwüngen, Nässe und Kälte.

„Rheuma" ist dabei ganz allgemein definiert als „Gliederreißen", als schmerzhafte Erkrankung von Muskeln oder Gelenken, die bei einer Störung des Gleichgewichts im Organismus auftritt, z. B. durch Stoffwechselveränderungen oder toxische Schädigungen (z. T. als allergische Reaktion auf Infektionsherde im Körper) oder auch durch äußere Reize wie Nässe und Kälte.

Rheuma kann akut auftreten als Gelenk-Rheumatismus, der neben starken Schmerzen in der Endphase zu erheblichen, entzündlich bedingten Gelenkveränderungen, -fehlstellungen und Bewegungseinschränkungen führt. Eine andere Erscheinungsform ist der Muskel- und Weichteil-Rheumatismus, bei dem in einem Anfangsstadium als eine erste „Reizantwort" des Körpers eine Funktionsstörung von Organen, Geweben und Muskeln mit Muskelverspannung, Steifigkeit, Gliederschmerzen und ständig kalten Extremitäten eintritt. Der Patient fühlt sich verkrampft und friert. Oft ist die Muskulatur der Extremitäten über den Rückenstrecker bis hinauf zum Kopf verspannt, der Patient kann nicht richtig sehen und fühlt sich benommen, „wie eingenebelt".

Spezifische entzündliche Veränderungen oder sich verselbständigende allergische Reaktionen des Körpers folgen in der Regel erst später.

Bevor die aus solcher rheumatoider Ursache verspannte Muskulatur mit dem Spiraldruck gelöst wird, hilft schon die kräftige Massage der FRZ „Rheuma"; diese Reflexzonen entdeckte Frau Dehn durch Zufall: „Eines Tages plagten mich Schmerzen in allen Gliedern, die Beine waren kalt und die Knie taten weh. Um warme Füße zu bekommen, rubbelte ich mit voller Beinkraft über eine Brettkante und bemerkte, daß die Fersen voller sehr schmerzhafter ‚Knubbel' waren. Trotz der Schmerzen rubbelte ich weiter, und nach einer Weile wurden die ‚Knubbel' kleiner; und dann stieg eine wunderbare Wärme durch die Beine, durch das Becken, in die Schultern und in den Kopf hoch. Alle Gliederschmerzen waren wie fortgeblasen. Bei einem zweiten Anfall dieser Art achtete ich genau darauf, was da geschieht: Bearbeitete ich den nach innen gewandten Teil der Ferse, so wurde das Becken der gleichen Seite warm; bearbeitete ich den äußeren Teil, dann wurde die gleichseitige Schulter warm."

Diese FRZ sind die allerersten Hinweiszeichen für rheumatoide Störungen. Alle laborchemischen Rheumatests sind dann noch negativ. Bei stärkerer Ausprägung der Störungen dehnen sich diese FRZ für Rheuma weiter über die ganze Fußsohle bis hinauf zur Großzehe aus. Die zwei dann intensiv zu behandelnden Zonen liegen einmal etwa im unteren fußsohlenseitigen Drittel des Großzehenstrahles, nahe dem Höhepunkt der Fußwölbung – hier tastet man viele kleine knorpelige Knötchen, die unter dem Fingerdruck sehr schmerzempfindlich sind – und zwischen Endglied und Ballen der Großzehe – hier fühlt man ebenfalls knorpelige Verhärtungen an der Zehenunterseite. Nach kräftiger Massage dieser Zonen wird dem Patienten über Rücken und Nacken hinauf bis zum Kopf warm (Abb. 5).

Diese Verbindung und die nachfolgende Schmerzfreiheit läßt sich an allen Patienten nachvollziehen. Man kann auch selbst, z. B. an der Verbindungsleiste eines Tisches, an Bettkante oder Treppenstufe, die Rheumazonen „austesten": Man findet bei ständiger Drehung der Fußsohle heraus, wo die Schmerzen sitzen, tastet selbst die „Rheumaknötchen" aus, verstärkt oder vermindert den drehenden Druck, der sehr schmerzhaft sein kann, bis ein Wärmegefühl aufsteigt und die knorpeligen Knötchen verschwunden sind. Danach sind die FRZ Schultergürtel und Becken schon nicht mehr so schmerzhaft; manchmal sind diese Bereiche dann sogar beschwerdefrei, und die Muskelverspannungen an Beinen und Rücken sind verschwunden. Sonst hilft eine gezielte Behandlung mit dem Spiraldruck zur völligen Beschwerdefreiheit.

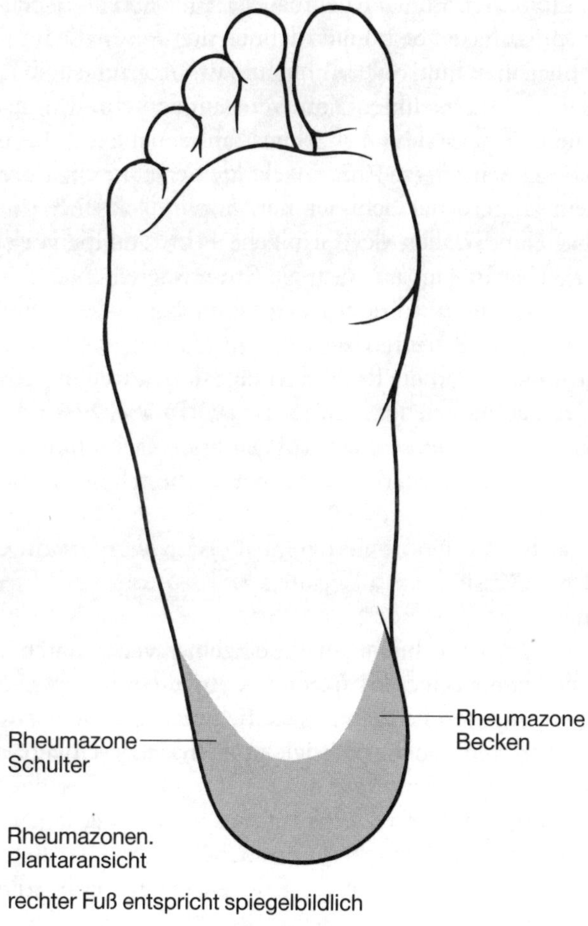

Abb. 5
Fußreflexzonen „Rheuma“; Plantaransicht

Der Spiraldruck

Der Spiraldruck ist eine von Frau Dehn entwickelte neuartige manuelle Technik, mit der muskuläre Verspannungen wie Hartspann und Myogelosen effektiv und schnell zu beseitigen sind.

Die muskuläre Verspannung ist eine vegetativ-nervale aktive Eigenleistung der Muskelfaser, eine Funktionsstörung mit meßbaren elektrischen Aktionsströmen und ödemähnlichen Veränderungen, die zu einer Verkürzung des Muskels führt. Diese Verspannung wird durch den gezielten Spiraldruck gelöst. Naturwissenschaftlich ist kaum nachzuvollziehen, wie eine über längere Zeit aufgebaute Verspannung durch einen einzigen Behandlungsgang beseitigt sein kann – lediglich chronische Zustände sind nicht so schnell lösbar. Tatsächlich sind die vorher deutlich fühlbaren Verhärtungsstränge und „Spannungsbäuche" der einzelnen Muskeln nach dem Spiraldruck gleichmäßig weich, wie „ausgestrichen", und für die Patienten ist es wie ein Wunder, daß Hals-, Kreuz- und sonstige muskelbedingte Beschwerden, auch Bewegungseinschränkungen sofort aufgehoben sind. „Wundersam" ist aber besonders auch, daß eine so massive Behandlung völlig ohne Nachschmerz ist und vielleicht nur „blaue Flecken" an die vorher bestehenden Störungen erinnern.

Die über die FRZ diagnostizierten muskulären Verspannungen müssen nun an der Muskulatur ausgetastet werden, ohne Schmerzen zu verursachen.

Dabei muß man ausprobieren, ob die einzelnen verspannten Muskeln besser am sitzenden oder am liegenden Patienten zu ertasten sind: Am sitzenden Patienten ist die gesamte Schulterregion gut zugänglich und auch der für die Orientierung wichtige Trochanter major gut herauszufühlen. Je nach Konstitution des Patienten kann aber die Beckenmuskulatur mitunter besser in Seitenlage ausgetastet werden, weil nicht so viel darüberliegendes Gewebe „aufstaucht". Neben der Behandlung im Sitzen eignet sich am besten die Rückenlage zur Behandlung von M. pectoralis major, M. coracobrachialis, M. serratus anterior und Oberschenkelmuskulatur, die Seitenlage für die Behandlung von Bekken- und dorsaler Schulterregion und M. serratus anterior und die Bauchlage für rückwärtige Schulterregion, M. latissimus dorsi und M. iliocostalis.

Sind Becken- und Schulterregion untersucht und die Verspannungszüge gefunden, muß noch erforscht werden, wie weit sich die Verspannungen über Muskelzug-Wirkungsketten in Arme (bis zur Hand) und Beine (über Ober- und Unterschenkelmuskulatur bis zur Achillesferse) ausgedehnt haben. Diese Folgeverspannungen sind in der Regel schmerzhafter als die in der verursachenden Region, allerdings nach der Behandlung letzterer meistens bereits mitgelöst.

Unbedingt zu beachten ist, daß die Muskulatur entlang der Wirbelsäule selbst ausschließlich der Diagnostik dient, aber für jede Behandlung tabu ist, außer dem M. iliocostalis in seinen beiden unteren Abschnitten. Schmerzen entlang der Wirbelsäule sind Folge, nicht Ursache von Verspannungen, deren Behandlung nie an diesen Strukturen selbst ansetzt, sondern immer an der Muskulatur der beiden Schlüsselregionen Schultergürtel und Becken, entsprechend der FRZ-Diagnose. Auch Massage, krankengymnastische Behandlung und besonders das Einrenken dürften nie an der Wirbelsäule selbst angreifen: Alle Muskeln, welche die Wirbelsäule aufrecht halten oder Wirbel aus ihrer Position herausholen, sind über die Schulter- oder Beckenregion zu behandeln, weil hier die zugrundeliegende Verspannung lokalisiert ist. Von diesen Regionen aus laufen die Muskelzüge auch über Glieder- und Muskelketten in Arme und Beine: es kann nicht zum Erfolg führen, wenn die Extremitäten allein behandelt werden (z. B. nur Hand oder Ellenbogen).

Anleitung zum Spiraldruck

Bei der Behandlung arbeitet man immer von unten nach oben, um statisch systematisch aufzubauen, und vom Ansatz des Muskels zurück zum Ursprung.

Vorsichtig werden nun Verlauf, Länge, Breite und Tiefe der Verspannung ausgetastet und danach bestimmt, mit wievielen Fingern der führenden Hand der Spiraldruck durchgeführt wird. Der Patient muß darüber informiert werden, daß er sekundenlang einen heftigen Schmerz spüren wird; er soll ruhig Schmerzlaute ausstoßen, weil Luft anhalten und „Zähne zusammenbeißen" nur zu erneuten Verspannungen führt. Vor dem Spiraldruck soll tief eingeatmet, während der Behandlung kräftig ausgeatmet werden („Veratmen" des Schmerzes).

Ist der Muskelansatz mit den Fingerkuppen oder -mittelgelenken gedeckt, so wird die andere Hand darübergelegt und mit aller zur Verfügung stehenden Kraft – bei Kindern und grazil gebauten Patienten entsprechend geringer – in Richtung auf die Wirbelsäule zu und in Richtung auf den Ursprung des Muskels eine enge Spirale über den Verspannungszug gedrückt, der dabei in seiner ganzen Breite und Tiefe erfaßt werden muß. Hier ist höchste Konzentration nötig, um nicht vom Muskel abzurutschen oder Druck auszuüben, wo es nicht mehr notwendig ist. Auch der Behandelnde sollte wie der Patient vor der Anstrengung tief ein- und bei der Tätigkeit ausatmen: es können sonst Magenbeschwerden entstehen (Streß).

Sofort nach dem Spiraldruck wird die flache Hand locker auf das behandelte Gebiet gelegt und die durch den Spiraldruck mitirritierten Haut- und Bindegewebsschichten durch kräftige Schüttel- und Schaukelbewegung entspannt und beruhigt.

Oft müssen mehrere Muskeln derart behandelt werden, um alle Verspannungen zu beseitigen und Beschwerdefreiheit zu erreichen. Dabei spielt die Mitarbeit des Patienten eine große Rolle: Wenn er einmal weiß, wie sich ein einzelner verspannter Muskelzug beim Austasten anfühlt, und erlebt, wie dieser sofort nach dem Spiraldruck beseitigt ist, kann er bald weitere verspannte Muskelstränge beim Austasten angeben und Wegweiser für den Therapeuten sein, wo nochmals angesetzt werden müßte. Die behandelten Muskeln werden in Rückenlage des Patienten über die FRZ nachkontrolliert und eventuell nachbehandelt.

Ausnahme: der Spiraldruck Richtung auf die Wirbelsäule zu: Der M. serratus anterior wird von der Wirbelsäule weg nach vorn schräg über die Rippen „ausgestrichen".

Ausnahme: der Spiraldruck Richtung vom Ansatz zum Ursprung des Muskels zurück ist der M. coracobrachialis, dessen Verspannungskopf direkt unter der Schulterhöhe besser zu fassen ist, wenn man von der Schulter abwärts zum Arm hin arbeitet.

Bei einem fertig behandelten Patienten kann man in Seitenlage die Erhöhung des Trochanter major rundherum frei umfahren, ohne Widerstand durch einen Spannungszug an irgend einer Seite. Die Waden fallen locker herab.

In Rückenlage sind die Gruben ober- und unterhalb der Schlüsselbeine weich und deutlich tastbar, die Rundungen der Rippenbögen nachzuzeichnen, ohne daß ein Widerstand Richtung Bauchdecke fühlbar ist. Die Grenzen der Schulterkugel sind frei nachzuzeichnen, die Muskulatur an Ober- und Unterarm ist an allen Stellen weich, die dorsale Handgelenksfalte ist glatt ohne Prominenz einer Sehne.

In Bauchlage sind die Konturen der Beckenschaufeln bis zur Wirbelsäule hin glatt nachzuzeichnen ohne Widerstand. Die Umrisse der Schulterblätter sind frei zu tasten ohne Verhärtungen oder Widerstände am Oberrand zum Hals hin; auch zwischen Schulterblatt und Wirbelsäule ist kein Widerstand fühlbar.

Jetzt sind auch alle FRZ der Skelettmuskulatur druckunempfindlich.

Wichtig ist, daß der Patient sich direkt nach einer Behandlung mindestens fünfzehn Minuten locker bewegt und nicht gleich wieder in einer starren Haltung fixiert (wie z. B. beim Autofahren).

Verspannungs-Syndrome

Die in den vorigen Kapiteln vorgestellten grundlegenden Schritte der reflexzonen-orientierten Spiraldruck-Behandlung wurden von Frau Dehn auch bei Patienten angewendet, die mit vielfältigen Beschwerden nach vergeblicher Therapie mit Ruhigstellungen von Extremitäten, Einspritzungen, Fango, Massagen oder chiropraktischen Behandlungen zu ihr kamen.

Die Prüfung der von ihr neu gefundenen FRZ der Skelettmuskulatur zeigte in allen Fällen mannigfache muskuläre Verspannungen, die durch die Dehnsche Therapie beseitigt wurden. Daraufhin trat bei allen Patienten spätestens nach drei bis vier Behandlungen klinische Beschwerdefreiheit ein.

Das war der Anlaß für die im folgenden dargestellten häufig auftretenden und bisher unbefriedigend therapierbaren Krankheitsbilder nach Gesetzmäßigkeiten im muskulären Verspannungsmuster zu suchen. Diese Abhandlung ist die erste Veröffentlichung dieser stereotypen Befunde, die – nach der Wirksamkeit der Dehnschen Therapie zu urteilen – für einige dieser Syndrome eine Neudefinition der Pathogenese erforderlich machen: **Grundlegend** für die Krankheitssymptome sind muskuläre Verspannungen in den Schlüsselregionen Becken oder Schultergürtel und nicht Nervenläsionen oder Störungen im Bereich peripherer Muskeln oder Muskelansätze oder Veränderungen des knöchernen Skeletts.

Für die Therapie dieser Krankheitsbilder könnte mit dieser Behandlungsmethode eine grundlegende Neuerung eintreten und Verbesserungen ergeben, denn auch eine in vielen Fällen bisher als ultima ratio (Wirbelsäulen-OP) oder als Therapie der Wahl (CTS) durchgeführte Operation brachte vielen Patienten nicht die erhoffte dauerhafte Heilung: Beschwerden traten erneut auf oder verlagerten sich in benachbarte Regionen. Die Dehnsche Therapie könnte helfen, diesen Teufelskreis zu durchbrechen: Je eher Verspannungen effektiv therapiert werden, desto besser sind sie vollständig zu beseitigen. Lange Leidenswege würden vermeidbar.

1. Steißbein-Syndrom

Symptomatik: Der Patient klagt über Schmerzen im Knie oder ein sehr schmerzhaftes Ziehen durch die Kniekehle bis hinunter zur Ferse; er kann kaum Treppensteigen und hört es im Knie ständig knacken. Häufig plagen ihn auch Kreuzschmerzen, gelegentlich treten Wadenkrämpfe auf, oft bestehen zusätzlich Obstipation und Hämorrhoiden.

FRZ-Diagnostik: Die FRZ des Tuber ischiadicum mit dem M. coccygeus ist schmerzhaft, oft auch die angrenzende FRZ Becken (M. piriformis); bei Kreuzschmerzen ist die FRZ LWS mitbetroffen, bei Kniebeschwerden die FRZ Knie (vorn unterhalb des Außenknöchels).

Therapie: Hauptverursacher der Beschwerden ist der M. coccygeus.

Ursprung (U): Spina ossis ischii und Fasern des Ligamentum sacrospinale

Ansatz (A): Rand und Innenfläche des Os coccygis sowie der unterste Sakralwirbel

Funktion (F): Zusammen mit dem M. levator ani bildet er das Diaphragma pelvis

Störung: Bei Verspannung drückt er auf die versorgenden Gefäße des Analbereiches und auch auf den Plexus coccygeus; vor allem betroffen ist die Arteria analis und der Nervus anococcygeus.

Therapie: Lösung der Verspannung in Seitenlage des Patienten bei angezogenen Beinen vom Tuber ischiadicum ausgehend in Richtung auf die Analfalte („vom Sitzbein zum Steißbein").

Als Folge der Lösung der Verspannung des M. coccygeus sind der Erfahrung nach oft auch die inneren Hämorrhoiden beseitigt.

Durch Weiterleitung von Verspannungszügen stehen folgende Muskeln direkt oder indirekt mit dem M. coccygeus in Verbindung (Abb. 6):

Becken:

M. piriformis, Glutealmuskulatur: s. „LWS-Syndrom"

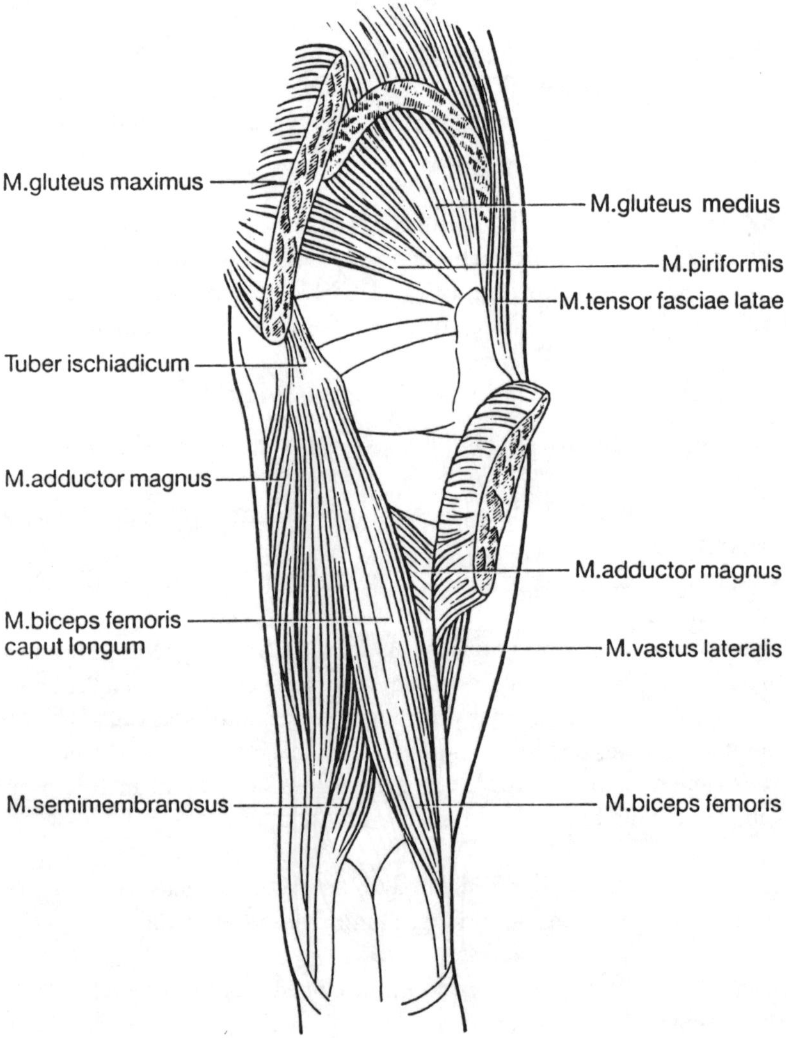

Abb. 6 a
Von Verspannungen betroffene Muskulatur des Oberschenkels
dorsal

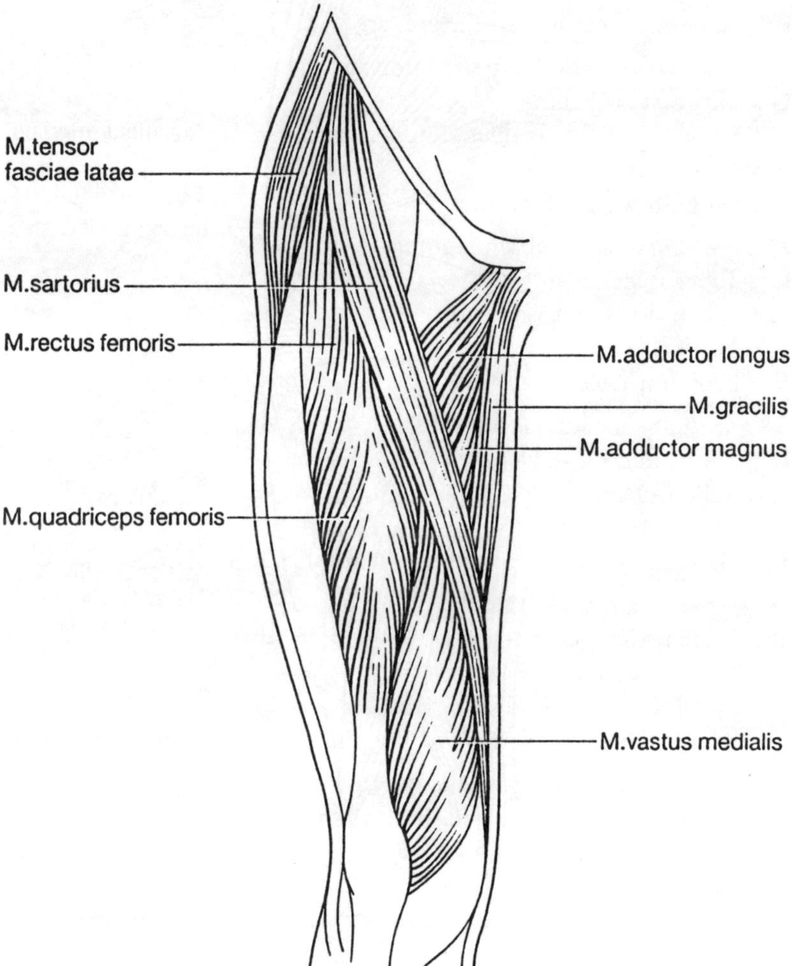

Abb. 6b
Von Verspannungen betroffene Muskulatur des Oberschenkels ventral

Oberschenkelbeuge(=unter)seite:

M. bizeps femoris, zweiköpfiger Schenkelmuskel
U.: Tuber ischiadicum; labium laterale am Femur
A.: Caput fibulae
N.: N. tibialis und N. peroneus communis
F.: beugt das Bein im Kniegelenk an

M. semimembranosus, Plattsehnenmuskel
U.: Tuber ischiadicum
A.: Condylus medialis tibiae, Hinterwand der Kniegelenkskapsel
N.: N. tibialis
F.: beugt im Kniegelenk

M. semitendinosus, Halbsehnenmuskel
U.: Tuber ischiadicum
A.: neben der Tuberositas tibiae
N.: N. tibialis
F.: beugt im Kniegelenk

M. gracilis, Schlankmuskel
U.: ramus inferior ossis pubis
A.: Tuberositas tibiae
N.: N. obturatorius
F.: zieht das Bein im Hüftgelenk heran, beugt im Kniegelenk

M. pectineus, Kamm-Muskel
U.: Pecten ossis pubis
A.: Linea pectinea femoris
N.: N. obturatorius und N. femoralis
F.: adduzierend, antevertierend und außenrotierend im Hüftgelenk

M. adductor longus, langer Schenkelanzieher
U.: Zwischen Symphyse und Tuberculum pubicum
A.: Labium mediale der Linea aspera
N.: N. obturatorius
F.: adduzierend, antevertierend, außenrotierend im Hüftgelenk

M. adductor brevis, kurzer Schenkelanzieher
U.: Ramus inferior ossis pubis
A.: Labium mediale der Linea aspera
N.: N. obturatorius
F.: wie die beiden vorigen Muskeln

Oberschenkelstreckseite:

M. tensor fasciae latae, Spanner der Oberschenkelbinde
U.: Spina iliaca anterior superior
A.: Tuberositas tractus iliotibialis der Tibia
N.: N. gluteus superior
F.: hebt Oberschenkel nach vorn, spannt die fascia lata (mit Fortsetzung des Verspannungszuges in die Unterschenkelmuskulatur), dreht den Unterschenkel nach außen

M. quadriceps, vierköpfiger Schenkelstrecker
U.: rectus femoris: Spina iliaca ant. inferior
vastus medialis: labium mediale der linea aspera
vastus lateralis: labium laterale der linea aspera
vastus intermedius: vordere und laterale Femurfläche
A.: Gemeinsame Endsehne als Ligamentum patellae an der Tuberositas tibiae
N.: N. femoralis
F.: streckt das Bein im Kniegelenk; Auffangen und Abbremsen der Beugebewegung

M. sartorius, Schneidermuskel
U.: Spina iliaca ant. sup.
A.: Tibia
N.: N. femoralis
F.: Beugung und Außenrotation am Hüftgelenk, Beugung und Innenrotation am Kniegelenk

M. adductor magnus, großer Schenkelanzieher
U.: Tuber und Ramus ossis ischii
A.: Labium mediale der Linea aspera, Epicondylus medialis femoris
N.: N. obturatorius und M. tibialis
F.: Adduktion, Innenrotation im Hüftgelenk

Bei Verspannungen sind diese Muskeln als verhärtete Stränge am Oberschenkel zu tasten, am besten mit flach aufgelegter, die Muskeln „ausschaukelnder" Hand; die Verspannungen führen zu typischen Beschwerden und Schmerzen in Bein und Fuß (s. u.).

Bei Verspannung des *M. quadriceps* ist oft auch dessen Endsehne, das Ligamentum patellae oberhalb der Patella, myogelotisch verändert, manchmal imponiert der gesamte Bereich oberhalb der Patella als flächenhafter Hartspann. Dies ist besonders bei Verspannungen rheumatischen Ursprungs oder bei Sportlern häufig.

Bei Verspannung des *M. tensor fasciae latae* setzt sich über die Fasern des Tractus iliotibialis der Fascia lata, die am Condylus lateralis der Tibia inserieren, der Verspannungszug fort in die Unterschenkelmuskulatur; es kommt zu einer z. T. erheblichen Bewegungseinschränkung der Zehen. Vor allem die Beugung der Großzehe ist kaum möglich; Ursache ist die Verspannung des M. tibialis anterior, der auf den M. extensor hallucis longus drückt.

Eine Verspannung der **Oberschenkelbeugemuskulatur** verursacht die oben erwähnten Schmerzen in Kniekehle und Waden, u. U. bis hinunter zur Ferse. Sensibilitätsstörungen des Beines und Parästhesien (z. B. Kältegefühl der gesamten Beinunterseite bis zum lateralen Fußrand, Fußsohle und Zehen) entstehen vor allem bei Irritation des N. ischiadicus durch die Verspannung des M. piriformis und der Glutealmuskulatur (s. „LWS-Syndrom").

Die Lösung der Muskelverspannungen im Bein ist auch deshalb wichtig, weil bei Hartspann im Bereich der Gefäß- und Nervendurchtrittsstellen der Adduktorenloge und Fossa poplitea die nervale, sensorische und motorische Funktion des Beines gestört sein kann.

Die Lösung der Verspannungen im Bein beginnt mit der Spiraldruck-Behandlung des *M. tensor fasciae latae* in Seitenlage des Patienten. Sofort nach der Lösung des M. tensor ist auch der M. tibialis anterior wieder frei und die Beugung der Großzehe unbehindert. Auch mitunter willkürlich einschießende scharfe Schmerzen im Hüftgelenk bei Bewegung des Beines beruhen auf einer Verspannung des M. tensor.

Muskelverspannungen der **Oberschenkelstreckseite** werden gelöst beginnend am Oberrand der Patella in Richtung auf die Spina iliaca ant. sup.

Die Spiraldruck-Behandlung der **Oberschenkelbeugeseite** erfolgt bei locker aufgestelltem, angebeugtem Bein in Rückenlage, vom Ansatz der Muskeln (seitliche Begrenzungen der Kniekehle) bis hinauf zum Tuber ischiadicum.

Abschließend wird durch Knie- und Beinbewegungen, auch gegen Widerstand, sowie Gehübungen der Erfolg der Behandlung kontrolliert und die betroffenen FRZ nachgeprüft. Wahrscheinlich werden Restverspannungen in einer Nachbehandlung zu beseitigen sein; deutliche Schmerzlinderung sowie Rückkehr der Bewegungsfähigkeit treten jedoch schon nach der ersten Behandlung ein.

2. LWS-Syndrom („Hexenschuß") und Ischialgie („Ischias")

Symptomatik: Der Patient kann kaum laufen, hat starke Kreuzschmerzen, z. T. in das ganze Bein einschießend oder in die Leiste ausstrahlend, die Beine erscheinen oft wie taub, Bücken oder Aufstehen aus dem Liegen sind wegen der schmerzbedingten Bewegungssperre nahezu unmöglich. Oft haben diese Patienten schon eine lange Vorgeschichte: Massagen, Injektionen, krankengymnastische Übungen, Fangopackungen und Bestrahlungen sowie chiropraktische Behandlungen blieben ohne anhaltenden Erfolg: Nach kurzen Intervallen der Beschwerdefreiheit schießt der Schmerz unwillkürlich wieder ein.

FRZ-Diagnostik: Die Prüfung der FRZ zeigt Schmerzhaftigkeit der Zonen LWK 1 – 5 und Becken, entsprechend der Lage der hauptsächlich betroffenen Muskeln M. piriformis und Glutealmuskulatur.

Eventuell bestehende Beschwerden im Halsbereich mit entsprechender Schmerzempfindlichkeit der FRZ HWK 1 – 2 entstehen durch die Übertragung der Muskelzüge des M. longissimus und M. iliocostalis, die in ihren Ursprüngen an der Crista iliaca eng mit der Glutealmuskulatur verbunden sind (Abb. 7 b, S. 41). Leistenschmerzen entstehen bei Mitbeteiligung des M. iliopsoas über Muskelzug-Ketten. Auch die FRZ „Unterleib" (beidseits der Achillessehne aufwärts) kann druckempfindlich sein. Schmerzt sie nach Beseitigung aller Muskelverspannungen immer noch, sollten entsprechende fachärztliche Untersuchungen erfolgen; es liegt dann eine organische Störung vor.

Therapie: Folgende Muskeln sind zu prüfen und ggf. zu behandeln (Abb. 7 a):

M. gluteus maximus, großer Gesäßmuskel
U.: Darmbein, Kreuzbein, Steißbein, Lig. sacrotuberale
A.: Fascia lata, Tuberositas glutaea femoris
N.: N. gluteus inferior

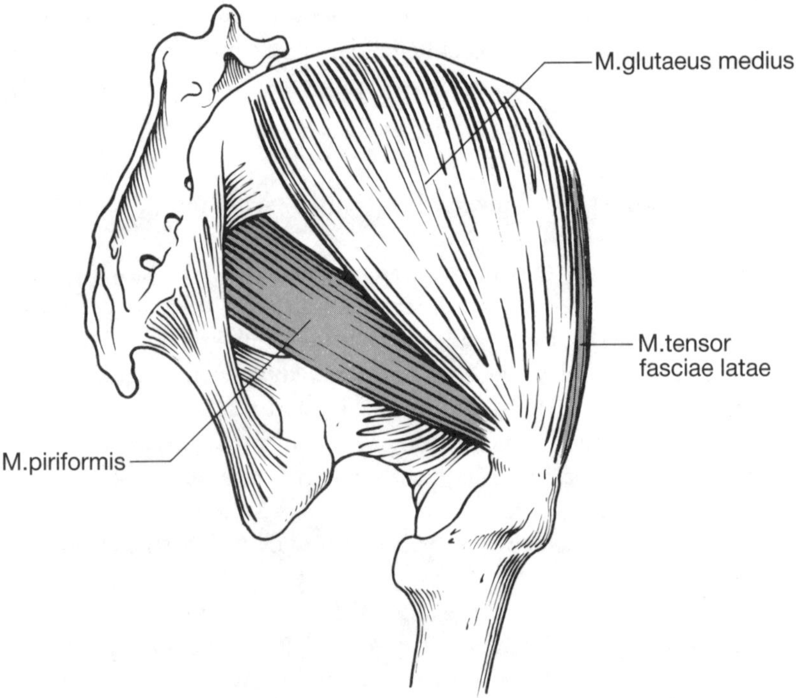

Abb. 7a
Mittlere und tiefe Schicht der Muskulatur des Beckens, Dorsalansicht

F.: Streckung und Außenrotation im Hüftgelenk (Antagonist zum M. iliopsoas), Hauptmuskel beim Aufrichten aus der Hocke

M. gluteus medius, mittlerer Gesäßmuskel
U.: Außenfläche der Darmbeinschaufel
A.: Trochanter major
N.: N. gluteus superior
F.: Abduktion, Innen- und Außenrotation
Seine Lösung befreit den M. longissimus, pars lumbarum.

M. gluteus minimus, kleiner Gesäßmuskel
U.: Außenfläche der Darmbeinschaufel
A.: Trochanter major
N.: N. gluteus superior
F.: Abduktion, Innenrotation, Ausbalancierung

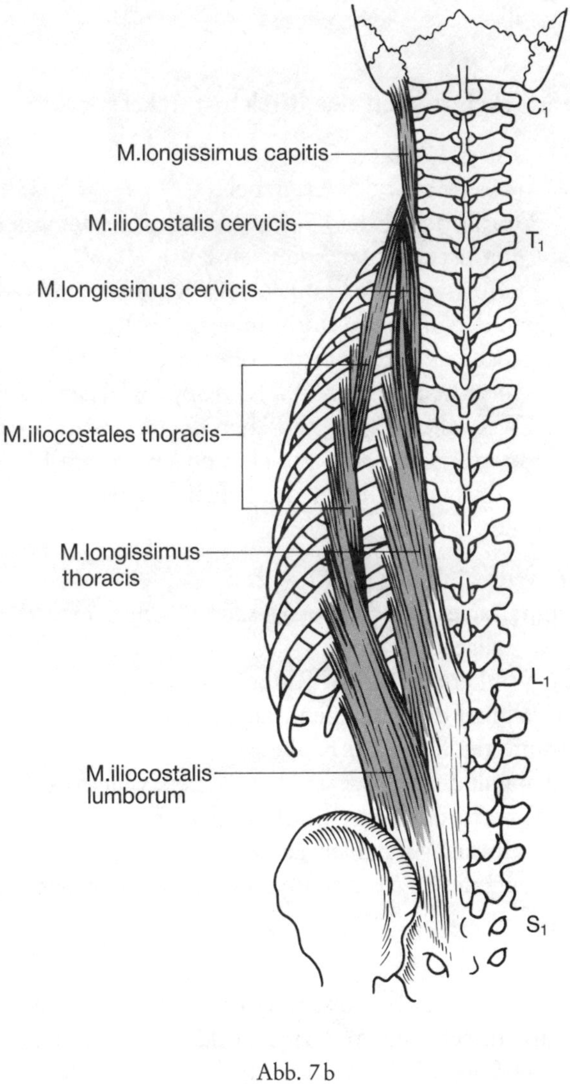

C1
M.longissimus capitis
M.iliocostalis cervicis
T1
M.longissimus cervicis
M.iliocostales thoracis
M.longissimus
thoracis
L1
M.iliocostalis
lumborum
S1

Abb. 7b

M. piriformis, birnenförmiger Muskel
U.: Facies pelvina des Kreuzbeines
A.: Spitze des Trochanter major
N.: Ast des Plexus sacralis
F.: Abduktion und Außenrotation
Seine Lösung entlastet die Adduktoren M. magnus und M. gracilis und befreit den M. iliopsoas.

Die beiden Muskelgruppen der Rückenstrecker:

M. longissimus - drei Anteile
U.: thoracis: facies forsalis des Kreuzbeines
Dornfortsätze der LWK, Querfortsätze der unteren BWK
cervicis: Querfortsätze der kranialen BWK
capitis: Querfortsätze der kranialen BWK, Quer- und Gelenkfortsätze der mittleren und unteren HWK
A.: thoracis: processus accessorii der oberen LWK
Querfortsätze der BWK, Rippenfortsätze der oberen LWK, alle Rippen zwischen anguli und tubercula
cervicis: Querfortsätze der kranialen und medialen HWK
capitis: processus mastoideus des Schläfenbeins
N.: Rami dorsales der Spinalnerven

M. iliocostalis - drei Anteile
U.: lumborum: facies dorsalis ossis sacri. labium externum cristae iliacae
thoracis: Winkel der 12.-7. Rippe
cervicis: Winkel der kranialen und mittleren Rippen
A.: lumborum: anguli 5.-12. Rippe
thoracis: anguli der sechs kranialen Rippen, Querfortsatz 7. HWK
cervicis: Querfortsätze der mittleren HWK
N.: Rami dorsales der Spinalnerven
F.: wie M. longissimus Aufrechthaltung und Ausbalancierung der Wirbelsäule.

Hauptverursacher der Beschwerden ist der M. piriformis; er unterteilt das Foramen ischiadicum majus in das Foramen suprapiriforme (hierdurch ziehen A. und V. glutaea superior und N. gluteus superior) und Foramen infrapiriforme (Durchzug von A. und V. glutaea inferior, N. ischiadicus, N. cutaneus femoris post. und A. und V. pudenda interna mit N. pudendus): Abb. 7 a.

Bei Verspannung des M. piriformis werden die Bein und Becken versorgenden Gefäße und Nerven eingeengt. Typische Folge dieser Einengung ist die Ischialgie, die durch die Lösung von M. piriformis und Glutealmuskulatur zu beseitigen ist.

Der M. longissimus ist frei von Verspannungssträngen, wenn M. piriformis und Glutealmuskulatur restlos gelöst worden sind; er kann zur Kontrolle erfolgreicher Therapie herangezogen werden, wird aber selbst nicht mit dem Spiraldruck behandelt.

Der M. iliocostalis dagegen wird als einziger Rückenstrecker auch selbst mitbehandelt; seine stärksten Verspannungen liegen im Bereich der Schulterblätter – mit Einfluß auf die Atmung durch Behinderung der Atemexkursion des Thorax – und in Höhe der Nieren, die er – wie M. longissimus und M. latissimus dorsi – durch Druck auf die Lendengegend in ihrer Funktion beeinträchtigen kann. Die Lösung dieser Verspannungen mit dem Spiraldruck erfolgt ansetzend in Höhe der Schulterblätter und abwärts führend bis zur Crista iliaca.

Nach Beseitigung aller Verspannungen werden wieder die Bewegungsfunktionen gegen Widerstand geprüft; oft sind nach der ersten Behandlung nicht nur Schmerzen und Bewegungseinschränkungen beseitigt, sondern auch Parästhesien im Bein (Kribbeln, Kältegefühl) geringer geworden. Sensibilitätsstörungen (z. B. Taubheitsgefühl) bei länger bestehender Erkrankung bilden sich dann ebenfalls, aber langsamer, zurück. Auch Schwindel ist oft durch die Verspannung der Beckenmuskulatur und des M. iliocostalis bedingt und nicht otogen.

Leider gibt es Patienten, bei denen die Wirbelkörper durch Einrenken und Behandlung an der Wirbelsäule selbst schon so geschädigt sind, daß eine Operation unumgänglich wird. Dadurch ist auch nach Ansicht von Fachärzten allerdings selten ein anhaltender Erfolg gewährleistet; die unphysiologischen Muskelzüge wirken sich dann nur auf die dem OP-Gebiet benachbarten Strukturen aus und verursachen oft extreme Fehlhaltungen, die zu weiteren Muskelverspannungen im gesamten Becken- und Rückenbereich führen.

Erfahrungen über die Möglichkeit einer Frühtherapie, wie z. B. durch die Spiraldruckbehandlung, sollte deshalb möglichst allgemeine Verbreitung finden: Kann man auch eine muskuläre Verspannung nicht von vornherein verhindern, so ist sie mit dieser Methode doch wenigstens vollständig und schnell zu beseitigen, ehe Folgeverspannungen durch verkrampfte Schonhaltung auftreten. Anhaltender Bewegungsunfähigkeit wird damit grundlegend vorgebeugt.

3. HWS-Syndrom und Schleudertrauma

Symptomatik: Der Patient klagt über Kopfschmerzen, die meist über den Nacken hochziehen und beim Herabbeugen unerträglich werden, er kann den Kopf nicht ohne Schmerzen drehen, hört und sieht schlechter, hat einen „Druck auf der Brust", fühlt sich müde und benommen, wie eingeklemmt mit völlig verspanntem Nacken und Schultergürtel; oft schmerzt schon die Berührung des Nackens. Manchmal bestehen auch Extrasystolen („Herzstolpern") bei ansonsten unauffälligem EKG.

Ursache der Störungen sind Verkrampfungen des Nacken-Schulterbereiches durch falsche Haltung – z. B. am Arbeitsplatz (Bildschirm, Schreibmaschine) – oder häufiges Tragen von Lasten (beladenes Tablett), aber auch durch Zug (Autofahrt mit offenem Fenster) oder sportliche Überlastung.

Das **Schleudertrauma** entsteht in typischer Weise beim Auffahrunfall, durch Stürze von Pferd, Fahrrad oder Schaukel: Beim Sturz versucht man sich mit ausgestreckten Armen abzufangen, die ganze Wucht des Aufpralls wird dabei in den Schultergürtel fortgeleitet. Da der M. serratus anterior das Schulterblatt gegen diese Kräfte in seiner Position am Rumpf festhält, entstehen hier akut Muskelverspannungen, die sich nach dem Unfallereignis nicht vollständig spontan zurückbilden und eine reaktive Verspannung der Antagonisten zur Folge haben.

Hauptverursacher aller Verspannungen im HWS-Nacken-Schulter-Bereich ist der
M. serratus anterior, der vordere Sägemuskel
U.: 1.–9. Rippe
A.: angulus superior et inferior und margo medialis der scapula

N.: N. thoracicus longus
F.: Hauptfunktion durch den pars inferior: zieht den unteren Winkel der Scapula nach vorn und unten und ermöglicht so die Hebung des Armes über die Horizontale hinaus.

Ist der M. serratus anterior verspannt – mitunter so extrem, daß der gesamte Muskelbereich als harte Platte imponiert und einzelne Verspannungsstränge gar nicht herauszutasten sind –, so besteht ein starker Muskelzug am M. serratus posterior, der seinen Ursprung an den zwei unteren HWK und den zwei ersten BWK hat. Betroffen sind auch die Muskeln M. levator scapulae (Schulterblattheber, U.: Querfortsätze der vier oberen HWK, A.: angulus superior scapulae, N.: N. dorsalis scapulae und Plexus cervicalis) und Mm. rhomboidei minor et major (U.: Dornfortsätze C 6 – Th 4, A.: Margo medialis scapulae, N.: N. dorsalis scapulae).

Entsprechend findet man bei der **FRZ-Diagnostik** eine Schmerzhaftigkeit der FRZ aller HWK mit punctum maximum an HWK 3 + 4, des M. serratus anterior sowie der oberen BWS.

Sind alle verspannten Anteile des M. serratus anterior mit dem Spiraldruck gelöst, ist auch der Gegenzug der oben beschriebenen Muskeln beseitigt, die Nackenkontur wird weich und nachgiebig, der Kopf läßt sich wieder schmerzfrei und ungehindert bewegen. Zur vollständigen Behandlung gehört dann aber auch die Kontrolle der Muskulatur von Achsellücken und vorderer Schulter, die mitunter die Verspannungen von Mm. rhomboidei major und minor sowie von Muskelsträngen des seitlichen vorderen Halses mitverursacht.

Eine ruhigstellende Therapie wie z. B. mit einer „Halskrause" ist dann nicht mehr notwendig, allenfalls krankengymnastische Übungen zur Kräftigung eines intakten Muskelzusammenspiels.

Der M. serratus anterior wirkt wie ein Schnürgurt auf den Brustkorb und kann dadurch eine solche thorakale Enge erzeugen, daß Herzbeschwerden entstehen. Als Folge sind die Reflex-Kontrollpunkte des Herzens schmerzhaft („Herz", lateral [= der Daumenseite zu] unterhalb der Ellenbeuge, und „Koronargefäße" auf dem Erbsenbein). Auch dieser Druckschmerz ist nach vollständiger Behandlung des M. serratus anterior nicht mehr nachweisbar.

Extrasystolen sind auch Ausdruck einer Beeinflussung des autonomen Nervensystems, das aufgrund der Lage des Grenzstranges entlang der Wirbelsäule und durch die Verbindungen der Rami communicantes mit den Spinalnerven zwischen C 8 und L 3 durch muskuläre Verspannungen mit beeinträchtigt wird, ebenso wie durch Streß, wie ihn auch schon eine ständige Einengung des Brustraumes darstellen kann.

Auch Ohrklingen, das einige Patienten mit in die Behandlung brachten, verschwand nach Lösung des M. serratus anterior. Ursache ist hier die Mitlösung des M. levator scapulae, der durch seine Verspannung die ausreichende Versorgung der ohrzuleitenden Nerv- und Gefäßstrukturen behindert.

4. Schulter-Arm-Syndrome

Zu den Schulter-Arm-Syndromen zählen die sensiblen, motorischen und trophischen Störungen im Bereich von Hals, Schultergürtel und oberer Extremität, die bei Irritationen der hier lokalisierten Nervengeflechte Plexus cervicalis und Plexus brachialis entstehen, oder durch eine Durchblutungsminderung in diesen Gebieten verursacht sind.

4.1 Schulter-Syndrom und Periarthritis humeroscapularis

Die Armbeweglichkeit ist eingeschränkt, vor allem das aktive seitliche Abheben des Armes vom Körper schmerzt oder ist unmöglich. Der Arm schmerzt, oft sterben auch die Finger ab.

Betroffen sind Patienten, die die Oberarm-Schulterpartie stark belasten (z. B. Schrubben, Wand streichen, Hobeln) oder Lasten tragen müssen (Flaschenkästen, Tabletts).

Bei der schmerzhaften Schultersteife kann der Patient den Arm nicht vom Körper fortbewegen; der Arm schmerzt, als sei er ausgekugelt, vor allem beim Versuch, auf den Rücken zu greifen („Schürze binden"). Alle Muskeln um Schulterblatt, Schultergelenk und Oberarm sind hart verspannt; bei länger bestehenden Beschwerden ist eine arthrotische Veränderung des Acromioclaviculargelenkes röntgenologisch nachweisbar. Die Prüfung der FRZ zeigt Schmerzhaftigkeit in den Bereichen
M. pectoralis major
M. coracobrachialis
M. latissimus dorsi
Mm teres major et minor
Mm supra- et infraspinatus.

4.2 Zerviko-Brachial-Syndrom

Bei diesem Syndrom sind die Einzelsymptome geschwollene Finger, bleischwerer Arm, Nackensteifigkeit, Stenokardien und depressive Stimmungslage in typischer Weise vergesellschaftet. Betroffen sind alle Muskeln des Schultergürtels einschließlich M. latissimus dorsi, M. pectoralis major, M. serratus anterior und M. levator scapulae. Auch die FRZ HWK 2–7 sind schmerzempfindlich. Bei starker Verspannung des M. serratus anterior, die das Schulterblatt stark nach unten gezogen fixiert und auch zur Verspannung der Antagonisten (M. levator, Mm rhomboidei) führt, kann durch die Kompression des Plexus brachialis zwischen 1. Rippe und Schlüsselbein ein **Costoclavicular-Syndrom** entstehen mit Schulter-Arm-Schmerz, venöser Rückflußbehinderung und Parästhesien im Ulnarisbereich (Kleinfingerballen, 4. und 5. Finger), vor allem bei herabhängendem Arm und tiefer Inspiration.

4.3 Epicondylitis humeri („Tennisarm")

Der Patient klagt über unerträgliche Schmerzen am Ellenbogen (seitlich außen oder innen), Hand und Unterarmmuskulatur schmerzen ständig, Drehbewegungen der Hand und alle Bewegungen gegen Widerstand (Kaffeekanne anheben, fest zugreifen, Druck mit Daumen und Zeigefinger [„Faden einfädeln"]) sowie Schreiben sind wegen der Schmerzen kaum möglich.

Dieses Beschwerdebild ist bisher definiert als „Tendopathie", die mit Wärme und durch Ruhigstellen des Armes mit begleitender analgetischer Behandlung therapiert wird, oft über lange Zeit und ineffektiv.

Betroffen sind Patienten aus unterschiedlichsten Berufen und Tätigkeiten mit starker Belastung oder Überanstrengung der Armpartien – die durch falsche Schlagtechnik entstehende Überanstrengung der Arm- und Schultermuskulatur beim Tennisspielen führte zur geläufigen Bezeichnung „Tennisarm" für dieses Beschwerdebild.

Sind die Muskeln
M. latissimus dorsi
M. teres major
M. pectoralis major
M. coracobrachialis

beteiligt, so resultiert das klinische Bild einer Epicondylitis medialis; Ursache ist die Einengung der Anteile des Plexus brachialis, aus denen sich der Nervus medianus rekrutiert, im Bereich der Achsellücken, die zu einer Störung der von diesem innervierten Muskeln des Unterarmes mit Ursprung am Epicondylus medialis führt (M. pronator teres, Flexoren).

Der N. medianus durchbohrt zwar den M. pronator teres, hier liegt jedoch **nicht** die Ursache der Schädigung!

Sind vor allem die Muskeln
M. teres minor
Mm supra- und infraspinatus
M. deltoideus
schulternahe Ansätze des M. triceps: caput longum und medialis
beteiligt, so entsteht eine Epicondylitis lateralis. Ursache ist die zentrale Einengung des fasciculus posterior aus dem Plexus brachialis im Bereich der Achsellücken mit resultierender Schädigung des N. radialis, was sich auf die von diesem innervierte Unterarm-Streckmuskulatur mit Ursprung am Epicondylus lateralis auswirkt. Der N. radialis durchbohrt in seinem Verlauf die Muskeln M. brachioradialis und M. brachialis: Nicht hier liegt jedoch der Ort der Schädigung, sondern wie beim N. medianus zentral im Schulterbereich.

4.4 Carpaltunnel-Syndrom

Der Patient hat Schmerzen im Arm, kann mit der betroffenen Hand nicht fest zugreifen; später „sterben die Finger ab", vor allem nachts. Die Finger-Feinmotorik ist gestört; der Patient kann nicht auf dem betroffenen Arm liegen. In schweren Fällen atrophiert die vom N. medianus innervierte Daumenballenmuskulatur, und es entstehen Sensibilitätsstörungen der Hohlhand und Finger 1 – 3, entsprechend dem Innervationsgebiet des N. medianus.

Als Ursache dieser Erkrankung wird bisher ausschließlich eine mechanische Kompression des N. medianus im Karpaltunnel definiert, als Therapie der Wahl gilt die operative Durchtrennung des Retinaculum flexorum an der Beugeseite des Handgelenkes. Nicht immer sind dann jedoch die Beschwerden restlos beseitigt, mitunter kommt es nach unterschiedlich langer Latenz auch zu Rezidiven.

Ursache aller Beschwerden ist auch hier wie bei der Epicondylitis humeri die Verspannung der Schultergürtel-Muskulatur, die Verlauf und Durchtrittsstellen von Nervenbahnen „zentral" einengt mit Auswirkungen in der Peripherie. Die relative Enge des Carpaltunnels für den N. medianus entsteht möglicherweise sekundär, als Spätfolge, durch eine entzündungsbedingte Verdickung des Nerven als Antwort auf den Reiz der lange andauernden **zentralen** Einengung. Die frühzeitige Lösung der Muskelverspannungen bereits bei den ersten klinischen Symptomen verhindert offensichtlich auch diese Entzündung und beugt damit der Nervenläsion vor.

Auch bei bereits lange bestehenden Beschwerden mit nachweisbaren Störungen der Nervenfunktion tritt nach spätestens drei Behandlungen **klinische** Beschwerdefreiheit ein; die Beseitigung der ursächlichen zentralen Einengung hat wahrscheinlich den Rückgang der reizbedingten Entzündung des Nerven zur Folge, so daß auch der Carpaltunnel wieder relativ weit genug wird; die Regeneration des Nerven wird dann in langfristigen elektrophysiologischen Kontrollen der Nervenfunktionen beweisbar.

Wichtig ist bei solchen Patienten mit lange bestehender Erkrankung, daß bei evtl. erneut auftretenden Beschwerden sofort die Behandlung bis zur völligen Lösung aller muskulären Verspannungen wiederholt wird.

4.5 Sehnenscheidenentzündung

Auch die sogenannte **„Sehnenscheidenentzündung"** der Arme hat hier im Schulterbereich mit den oben geschilderten Muskelverspannungen ihre grundlegende Ursache und ist von hier aus gut zu beseitigen; wichtig ist auch hier die erneute Behandlung nach jeder neuen Verspannung.

Entsprechend dem unterschiedlichen Grad der Verspannung zeigen die einzelnen an den Schulter-Arm-Syndromen beteiligten Muskeln des Schultergürtels auch unterschiedliche Empfindlichkeit der betreffenden FRZ. Immer sind betroffen die Bereiche der 5. – 7. HWK und der ersten beiden BWK sowie die FRZ der beiden Achsellücken.

Für alle Schulter-Arm-Syndrome müssen folgende, im einzelnen unterschiedlich stark betroffene Muskeln ausgetastet und behandelt werden (Abb. 8):

M. latissimus dorsi, breiter Rückenmuskel
U.: Dornfortsätze der 7.–12. BWK, fascia thoracolumbalis, labium externum cristae iliacae, 10.–12. Rippe
A.: crista tuberculi minoris humeri
N.: N. thoracodorsalis
F.: Adduktion, Senkung des Armes, Innenrotation, zieht den Arm dorsalwärts.
Hat durch seinen Ursprung Verbindung mit M. gluteus maximus und M. longissimus.

M. pectoralis major, großer Brustmuskel
U.: clavicula, sternum, 2.–7. Rippenknorpel, Rektusscheide
A.: crista tuberculi majoris humeri
F.: Nn. thoracici ventrales
F.: kräftige Addukton, Innenrotation ventralwärts; antagonisiert M. latissimus dorsi, Pendeln des Armes im Schultergelenk nach vorn.
Eine Verspannung des M. pectoralis major ist oft schon erkennbar an der Verspannung der vorderen seitlichen Halsmuskulatur (Scalenus-Gruppe). Nur der Muskelansatz darf mit Hilfe des Spiraldruckes behandelt werden, da sonst Gefäße und das Brust- und Lymphgewebe zu sehr gefährdet wären. Über seinem Ursprung ist nur mit leichten Fingerspitzen zu reiben und mit lose aufgestellten Fingern zu rütteln.

M. teres major, großer Rundmuskel
U.: angulus inferior scapulae
A.: crista tuberculi minoris humeri
N.: N. thoracodorsalis
F.: ähnlich wie M. latissimus dorsi
Seine Lösung führt zur sofortigen Entlastung von Nerven- und Gefäßbahnen im Bereich der Achsellücken.

M. teres minor, kleiner Rundmuskel
U.: kaudaler Teil der fossa infraspinata und margo lateralis scapulae, fascia infraspinata
A.: tuberculum majus humeri
N.: N. axillaris

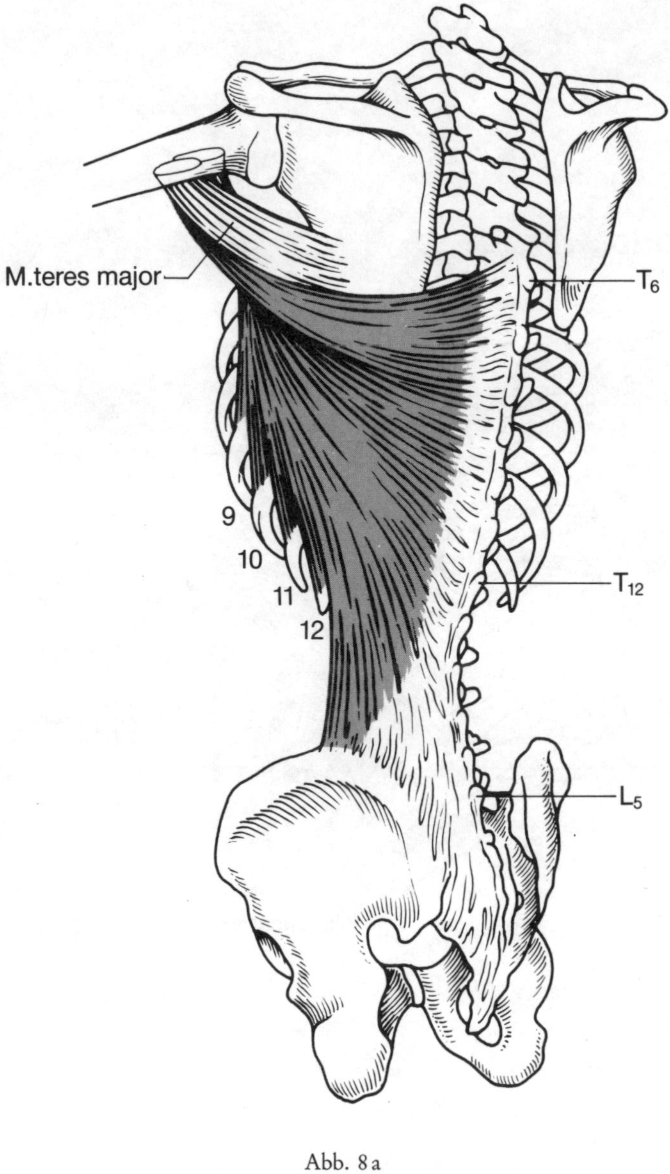

Abb. 8a
Von Verspannungen betroffene Muskulatur des Schultergürtels
– dorsal; latissimus dorsi –

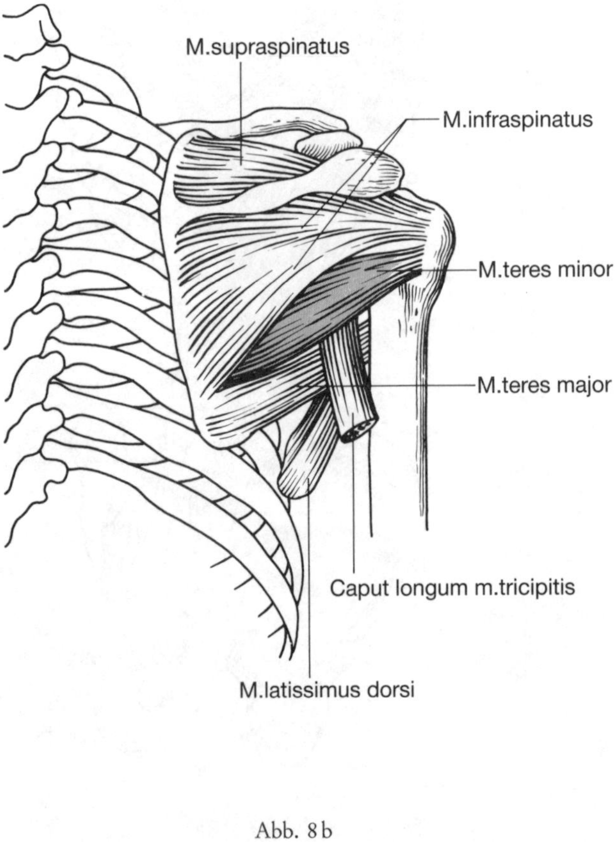

Abb. 8 b
Von Verspannungen betroffene Muskulatur des Schultergürtels
– dorsal; Schulterblatt –

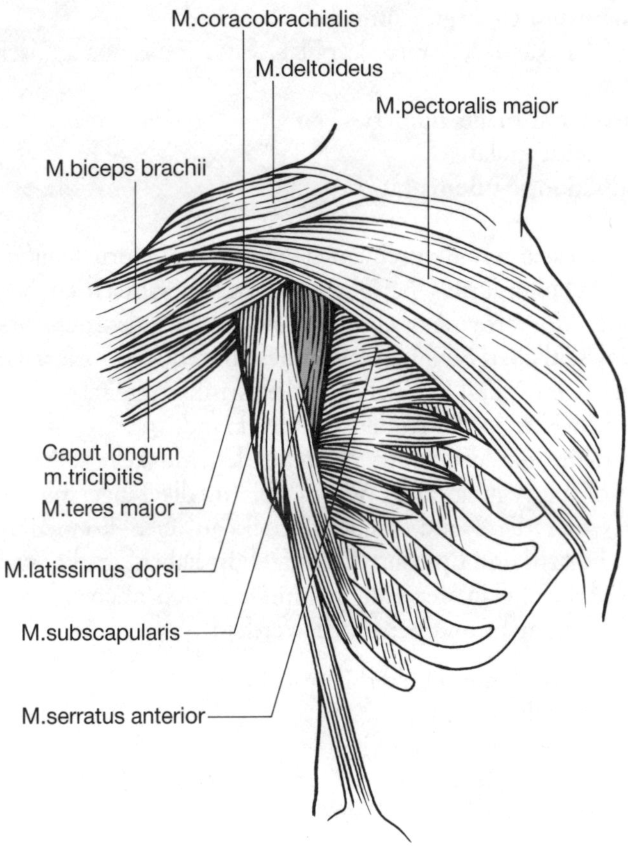

Abb. 8 c
Von Verspannungen betroffene Muskulatur des Schultergürtels
– laterale Vorderseite –

F.: Adduktion, Außenrotation
Seine Lösung beseitigt den Gegenzug beider Mm rhomboidei.

M. supraspinatus, Obergrätenmuskel
U.: fossa supraspinata scapulae
A.: tuberculum majus humeri
N.: N. suprascapularis
F.: **Abduktion**, Außenrotation

M. infraspinatus, Untergrätenmuskel
U.: kaudaler Rand der spina scapulae, fossa infraspinata, fascia infraspinata
A.: tuberculum majus humeri
N.: N. suprascapularis
F.: Abduktion, **Außenrotation**

Oft lassen sich schon durch einen einzigen Spiraldruck auf die Muskeln des Schultergürtels periphere nervale Beschwerden beseitigen; Lösung der Mm teres major et minor und des M. latissimus dorsi direkt lateral des seitlichen Schulterblattrandes führen z. B. sofort zu einem „Wärmeeinschuß“ und Kribbeln von der Armhinterseite aus zum Ellenbogen und weiter in die Außenseite der Hand.

Nach dem Spiraldruck auf vorstehenden Muskeln sollte der Arm wieder voll bewegungsfähig, Wärme bis in die Fingerspitzen eingeschossen sein, die Hand wieder Druck ausüben können und der Schmerz in Arm und Epicondylen aufgehört haben. Ist dies nach sorgfältigster Arbeit nicht der Fall, so müssen auch noch folgende zwei Muskeln untersucht und behandelt werden:

M. subscapularis, Unterschulterblattmuskel
U.: facies costalis scapulae
A.: tuberculum minus humeri
N.: Nn. subscapulares
F.: Innenrotation

M. coracobrachialis, Hakenarmmuskel
U.: processus coracoideus scapulae
A.: Humerus gegenüber Ansatz des M. deltoideus
N.: N. musculocutaneus
F.: Einwärtsdrehung, Adduktion

Seine Verspannung ist immer erkennbar an der Verhärtung des M. sternocleidomastoideus in seinem oberen, im Bereich des Processus mastoideus hinter dem Ohr gelegenen Abschnitt.

Der M. coracobrachialis wird, anders als die übrigen Muskeln, vom Ursprung zum Ansatz hin behandelt, weil sich der Verspannungsstrang so besser fassen läßt.

Auch die Muskelzug-Wirkungskette von der Vorderseite des Oberarms über verhärtete Stränge der Unterarm-Extensoren bis zur prominent angespannten Sehne von M. extensor carpi radialis brevis oder Extensoren der Finger löst sich nach der Spiraldruck-Behandlung des M. coracobrachialis; danach ist die dorsale Handgelenksfalte wieder gleichmäßig eben. Für Störungen der Fingermotorik ist erfahrungsgemäß immer der M. coracobrachialis ursächlich verantwortlich. Sensibilitätsstörungen und Parästhesien dagegen sind eher durch muskuläre Verspannungen im Bereich der beiden Achsellücken bedingt.

Die Beseitigung von Carpaltunnelsyndrom und Epicondylitis humeri durch die Spiraldruck-Behandlung ist auch anhand von Verlaufs-Elektromyographien und Messungen der Nervenleitgeschwindigkeit nachgewiesen worden. Klinische Beschwerdefreiheit besteht schon lange vor der Rückbildung der nervalen Läsionen.

Damit ist die Dehnsche Therapie für diese Erkrankungen offensichtlich die adäquate Behandlungsform: Ursache der Störungen ist in erster Linie die Muskelverspannung im Schulterbereich, die je nach Lokalisation zur Irritation der verschiedenen Äste des Plexus brachialis führt – hier ist „zentral“ zu behandeln, nicht an Unterarm oder Hand, wo sich die Störung peripher auswirkt.

Ein Beweis dafür, daß die sich in Ellbogen oder Hand manifestierenden nervalen Störungen ihre Ursache in einer zentral gelegenen Nerveneinengung haben, ist auch, daß bei ein und demselben Patienten das klinische Beschwerdebild sogar in kürzester Zeit wechseln kann zwischen Epicondylitis, CTS und Schulter-Arm-Syndrom, oder diese sogar gleichzeitig ausgeprägt sind. Das ist abhängig von Lokalisation und Ausmaß der Einengung im Bereich der Achsellücken durch die Muskelverspannung.

Einen Nachsatz erfordert der **M. trapezius**, trapezförmiger Kappenmuskel:

U.: protuberantia occipitalis externa, septum nuchae, Dornfortsätze aller BWK

A.: extremitas acromialis claviculae, acromion und spina scapulae

N.: N. accessorius aus dem Plexus cervicalis

F.: Schulterbewegung nach oben, hinten und unten

Dieser Muskel bleibt, wie der M. iliocostalis auch, gelegentlich verspannt, obwohl die FRZ nicht mehr schmerzhaft ist und alle Verspannungen anderer Muskeln vollständig beseitigt wurden; er bleibt in seinem Ursprung dick und hart, die Patienten klagen über Kopfschmerz, Drehschwindel, Schleier vor den Augen und Benommenheit; der Kopf kann oft nicht in den Nacken gebeugt werden.

Diese Verhärtungen werden mit den Kuppen der Mittelfinger gelöst, im Ursprung des Muskels beginnend zum Ansatz hin in engen, spiraligen Drehbewegungen mit starkem Druck.

Körper-Harmonisierung

1. Bauchmassage nach Dr. F. X. Mayr

Sie bildet den Abschluß einer jeden Behandlung.

Man setzt sich an die rechte Seite des Patienten und legt die linke Hand so auf seinen Bauch, daß die Handwurzel den oberen rechten Darmbeinstachel berührt. Die rechte Hand wird so danebengelegt, daß deren Handwurzel das Schambein erreicht. Gegen den Uhrzeigersinn werden nun ohne Druck auf die inneren Organe kreisende Bewegungen ausgeführt. Diese Bewegungen werden vom Oberkörper des Behandelnden aus geführt, damit Hände und Arme locker aufliegen können.

Die Massage wird mit geschlossenen Fingern solange durchgeführt, bis das Gesicht des Patienten rosig durchblutet ist. Schon nach kurzer Zeit sind Darmgeräusche zu vernehmen, da die der normalen Arbeitsrichtung des Darmes entgegengesetzte Massage zu einer gesteigerten Darmaktivität führt; Verspannungen im Bauchraum lösen sich, die Durchblutung der Verdauungsorgane wird insgesamt gefördert.

Der Patient fühlt sich nach einer solchen Behandlung „rund", warm und wohlig entspannt, und ein vorher geblähter derber Leib mit fühlbaren strangartigen Widerständen oder klumpigen Verhärtungen wird deutlich weicher und flacher. Dies wird neben der Einflußnahme auf die Darmaktivität auch mit erreicht durch die sanfte Massagewirkung auf das in der Magengegend tief im Körperinneren gelegene Sonnengeflecht, durch das sympathische nervale Impulse gesteuert werden. Beides hilft, den Behandlungsstreß abzubauen.

2. Meridianstrom-Aktivierung durch Akupressur

Die durch den Spiraldruck aus dem verspannten Muskel zum Muskelursprung abtransportierten Schlackenablagerungen werden in den Kreislauf eingeschleust, über Darm und Niere verarbeitet und ausgeschieden.

Nach der belastenden Behandlung mit dem Spiraldruck werden bestimmte Energiestrombahnen des Körpers (Meridiane) und definierte Akupressurpunkte innerer Organe aktiviert, um den Körper bei dieser

Reinigung zu unterstützen und eine generelle Anregung zu erzielen. Wichtig ist, **nach** der Spiraldruck-Behandlung und **vor** der Akupressur die Schmerzlosigkeit aller FRZ innerer Organe (Abb. 9) festzustellen. Finden sich bei dieser Prüfung Schmerzen, sollte sich der Patient umgehend vom Facharzt untersuchen lassen: Kranke Zähne, Erkrankungen der Unterleibsorgane, Magengeschwüre, Darmerkrankungen oder Tumoren führen zur Empfindlichkeit der entsprechenden FRZ auch schon dann, wenn eine Erkrankung noch nicht klinisch manifest ist.

Erst nach einer solchen Kontrolle der FRZ zum Ausschluß ernster Erkrankungen ist eine Akupressur zur Beseitigung funktioneller Störungen oder rheumatischer Beschwerden sinnvoll.

Die Akupressur geschieht durch leichtes Aufsetzen und Festhalten der Fingernägel auf den in Abb. 10 angegebenen Punkten. Dieses Aufsetzen erinnert an einen „Steckkontakt“, über den eine Strombahn mit

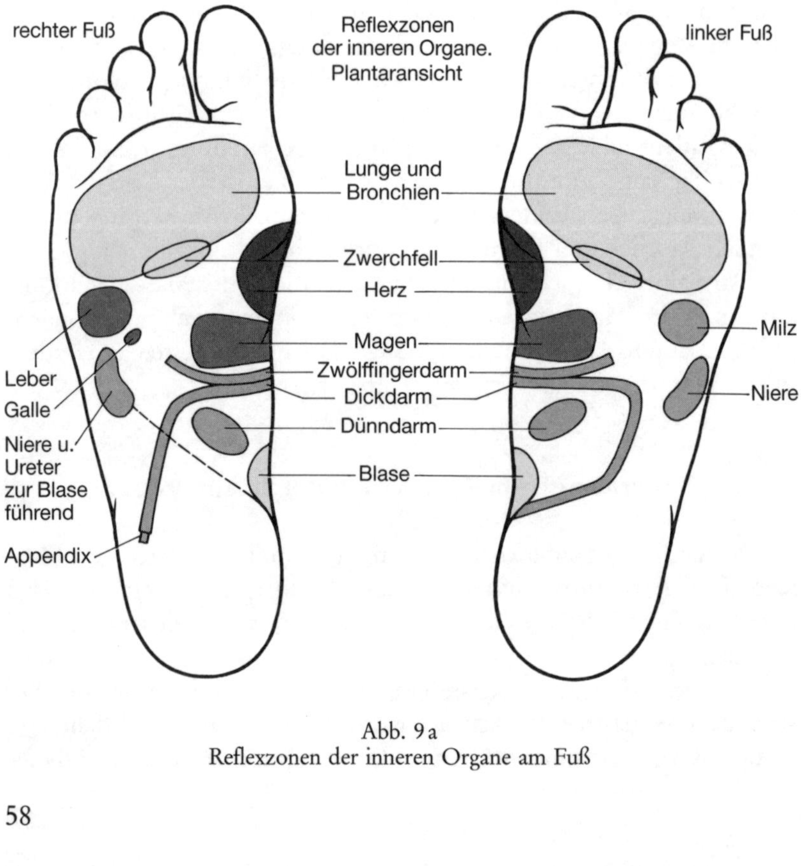

Abb. 9 a
Reflexzonen der inneren Organe am Fuß

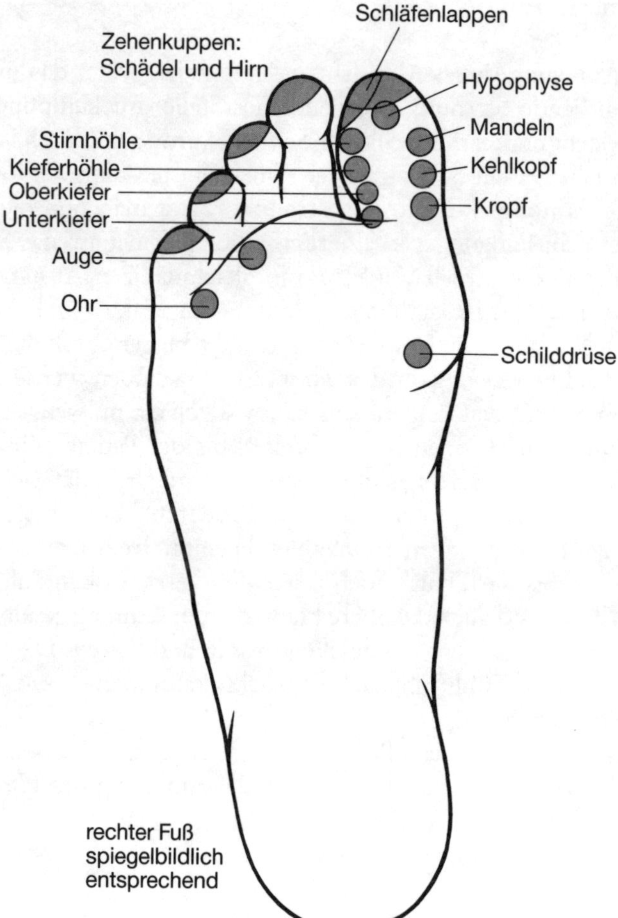

Reflexzonen des Kopf-Hals-Bereiches. Plantaransicht

Abb. 9b
Reflexzonen des Kopf-Hals-Bereiches am Fuß

Energie beschickt und Zielorgan und durchlaufenes Gewebe erwärmt werden. Nicht immer läßt sich ein Meridian gleich beim ersten Akupressieren anregen; auch Verspannungen sowie anscheinend auch Medikamente können die Energieströmung hindern.

Hauptmeridian

Die Anregung dieses Meridians ist angezeigt, wenn das in seinem Verlauf liegende Sternum an irgendeiner Stelle druckempfindlich ist. Dann besteht immer ein seelischer Schock, verursacht durch Leid oder auch Unfall. Da ein Schock „Enge" im weitesten Sinn hervorruft, ist auch die Atmungsaktivität eingeschränkt. Setzt man nun die Fingernägel der acht Langfinger in „Harkenstellung" leicht auf das Sternum, vom Rippen-Zwerchfell-Winkel an in gleichmäßigen Abständen aufwärts bis unter das Halsgrübchen (Akupressurpunkte = AP Atem und Zwerchfell; Abb. 10 a), so spürt man, daß die Finger durch die Atmung nur in der unteren Region des Thorax hochgehoben werden. Wartet man, so ist unter den Fingern spürbar, wie sich ein pulsartiges Klopfen immer weiter nach oben hin ausbreitet, bis der Patient plötzlich tief durchatmet oder ausgiebig gähnt. Es ist auch möglich, daß sich ein seelischer Schock damit plötzlich löst, der Patient in Tränen ausbricht und von seinen Bedrückungen zu erzählen beginnt. Tröstet man ihn ruhig und wartet, bis der „Puls" auch unter dem letzten oben aufgesetzten Finger schlägt und auch die obere Hand mit der Atmung gehoben wird, so fühlt sich der Patient anschließend ruhig und befreit. Damit ist die Pressur beendet. Fühlt man sich bedrückt, kann man diesen Meridian auch selbst aktivieren.

Auch nach einer Behandlung des M. serratus anterior sollte wegen seiner Auswirkungen auf die Atmung die Anregung des Hauptmeridians erfolgen.

Blasen- und Nieren-Meridiane

Sie werden nach jeder Behandlung pressiert, zusätzlich bei über den Nacken aufsteigenden, klopfenden Hinterkopfschmerzen mit Übelkeit und Erbrechen („Nierenmigräne"), oft unter Streß auftretend, nach

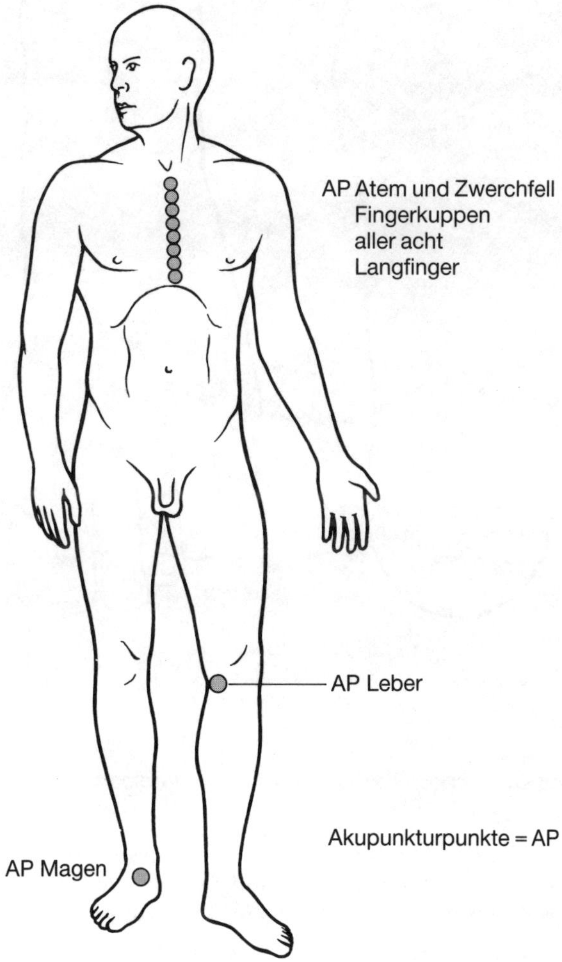

Abb. 10 a
Akupressurpunkte am Körper

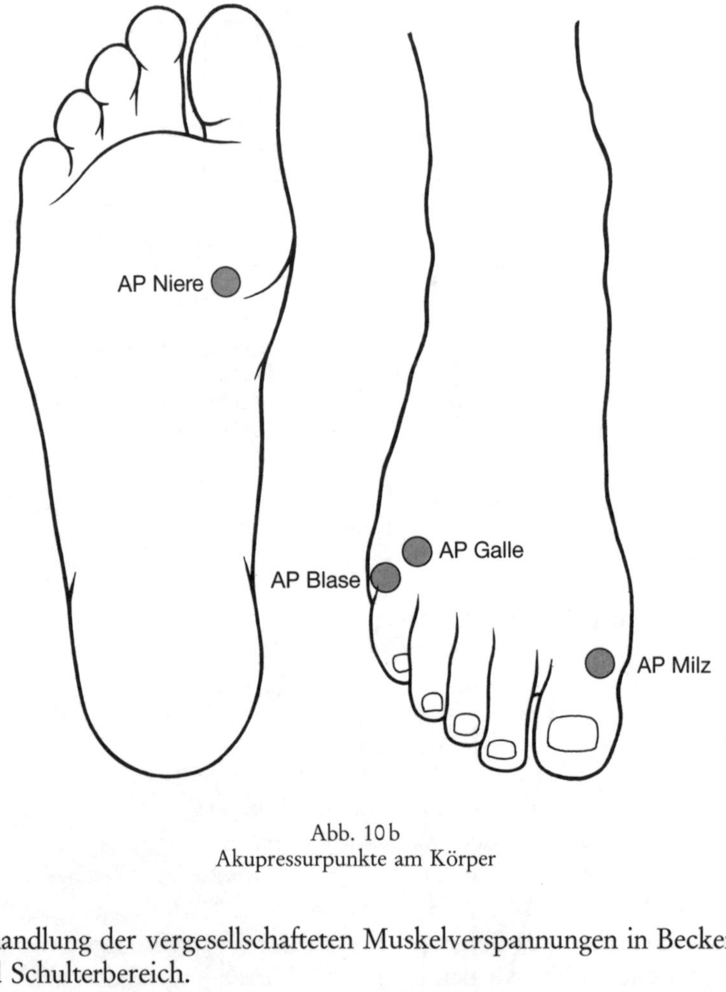

Abb. 10b
Akupressurpunkte am Körper

Behandlung der vergesellschafteten Muskelverspannungen in Becken- und Schulterbereich.

Dazu setzt man die Daumennägel auf die Nierenpunkte in den Zwischenraum von Großzehenballen und den übrigen Zehenballen, die Kleinfingernägel auf die oberen Glieder der fünften Zehe (Abb. 10b). Nach einer Weile merkt der Patient, wie die Wärme durch Füße, Beine, Becken, über den Rücken, durch Arme und Hände und zuletzt durch den Hals in den Kopf strömt. Der Nierenmeridian endet im Mund; es bildet sich mehr oder weniger Speichel oder es „kribbelt". Der Blasen-

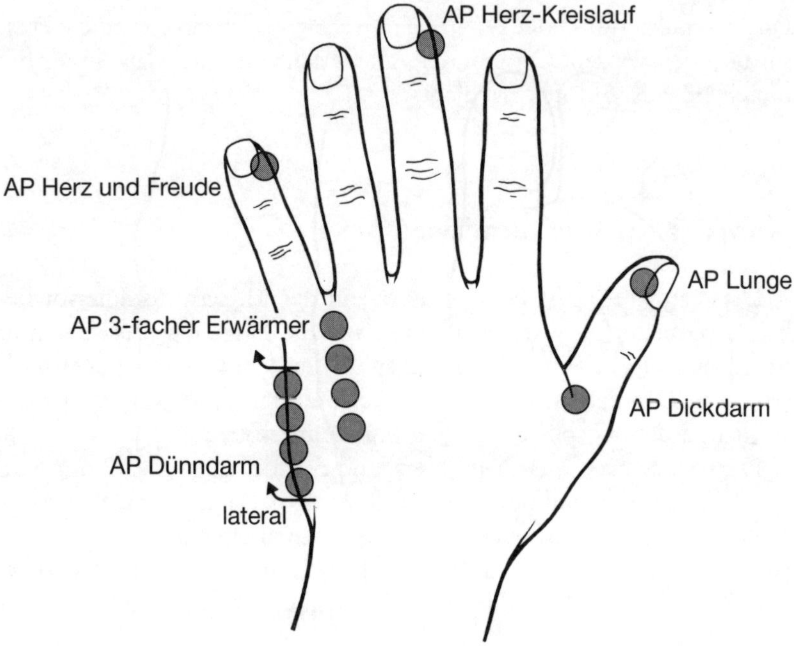

Akupunkturpunkte = AP
Aufstellen mehrerer Fingerkuppen ●●●●

Abb. 10 c
Akupressurpunkte am Körper

meridian endet in der Nase (die dadurch oft frei wird) und verursacht ein Kribbeln auch in den Wangenknochen. Auch hier spürt man das Pulsieren unter den aufgesetzten Fingern: immer das Zeichen für das Ansprechen eines Meridians. Der Nierenmeridian ist eine gute Kontrolle für das völlige Beseitigen muskulärer Verspannungen, vor allem im Beckenbereich: nur dann zieht die Wärme ungehindert auf.

Dünn- und Dickdarm-Meridiane

Man setzt die Daumennägel in den Fingerstrahl zwischen Daumen und Zeigefinger und drei weitere Fingernägel auf die Außenseite des Kleinfinger-Mittelhandknochens (Abb. 10 c). Wenn es unter diesen

Punkten pulsiert und der Darm Geräusche von sich gibt, kann die Pressur beendet werden. Oft gibt der Patient dann auch an, daß ein vorher bestehender Kopfdruck nachläßt.

Herz- und Kreislauf-Meridiane

Diese anzuregen ist notwendig, wenn der M. serratus anterior behandlungsbedürftig war. Man setzt dazu die Fingernägel etwa 2 mm neben die Nagelfalze der Mittelfinger auf der dem Daumen zugewandten Seite. Der Patient bemerkt, wie die Wärme durch die Arme aufsteigt und den Körper bis zu den Füßen durchströmt.

Der zweite Herzmeridian „Herz und Freude" liegt etwa 2 mm von den Falzen der Kleinfingernägel entfernt dem Daumen zugekehrt. Er sollte angeregt werden, wenn eine Schmerzhaftigkeit des Erbsenbeines (FRZ Coronararterien) eine Minderdurchblutung des Herzens anzeigt. Die Wärme steigt dann durch die Arme auf und „umspült" das Herz (Abb. 10 c).

Lungen-Meridian

Den Lungen-Meridian sollte man nur pressieren, wenn bei anhaltender Schmerzhaftigkeit der entsprechenden FRZ eine innere Erkrankung ausgeschlossen ist.

Wenn die Schulterregion verspannt war und die Atemhilfsmuskulatur lange Zeit nur eingeschränkt funktionieren konnte, pressiert man die AP „Lunge", bis dem Patienten im ganzen Brustraum warm geworden ist (Abb. 10 c).

Die Anregung der folgenden Meridianströme ist zu empfehlen, wenn die „Rheumazonen an den Fußsohlen" schmerzhaft sind. Besonders wichtig ist dabei der sogenannte „Dreifacherwärmer", bei dessen Aktivierung sich die Wärme generalisiert im ganzen Körper ausbreitet.

Vor der Aktivierung aller Organmeridiane müssen organische Erkrankungen ausgeschlossen sein.

Dreifacherwärmer

Auf den Dreifacherwärmer (Abb. 10 c) legt man drei Fingernägel auf und wartet, bis die Wärme durch Arme, Körper und Beine bis in die Füße gezogen ist. Dabei scheint die Kälte durch die Großzehen herauszuströmen. Patienten berichten, sie hätten das Gefühl, ihre großen Zehen wirbelten wie Propeller die Kälte aus dem Körper. Werden die Großzehen warm, kann die Pressur beendet werden.

Gallenmeridian

Die Pressur erfolgt auf dem Gallepunkt (Abb. 10 b), auch bei z. T. halbseitig auftretendem Schläfenkopfschmerz („Gallenmigräne“, oft bei Ärger oder Aufregung), bis die Gallengegend warm durchströmt ist, die Wärme halbseitig bis zum Kopf aufsteigt und die Kopfschmerzen verschwunden sind.

Magenmeridian

Die Pressur erfolgt auf dem Magenpunkt (in der Senke zwischen Schienbein und Sprunggelenk in der vorderen Fußfalte; Abb. 10 a), auch bei Völlegefühl oder „Magenmigräne“: Kopfschmerzen auf dem Schädeldach, oft bei Ärger.

Hier findet man oft auch eine etwa zigarettenstarke Verdickung unter dem Wadenbeinköpfchen: eine Verspannung des M. peronaeus longus, nach deren Beseitigung mit dem Spiraldruck der Kopfschmerz aufhört.

Milzmeridian, Lebermeridian (Pressurpunkt an den Enden der Kniekehlenfalte):

Die Pressur wird so lange durchgeführt, bis ein Wärmegefühl eintritt, wenn Streß bestanden hat.

Kasuistiken

● „Frau Dehn beseitigte bei mir eine Ischialgie mit zweimaliger Spiraldruckbehandlung, nachdem ich andernorts erfolglos mit klassischer Massage längere Zeit behandelt worden war. Meine später auftretenden Schulterverspannungen konnten mit dem Spiraldruck genau so schnell gelockert werden. Erstaunlich war, daß keine Nachschmerzen auftraten und die Beweglichkeit der Gliedmaßen sofort wiederhergestellt wurde. Medikamente waren trotz des akuten Krankheitszustandes nicht erforderlich. Diese Tatsache sowie die kurze Behandlungszeit mit der Spiraldruck-Behandlung weist diese Methode als sehr kostensparend aus."

● Mirko, fünf Jahre alt, wurde wegen Dauerkopfschmerz, dessen Ursache nicht zu ermitteln war, zu mir gebracht.

Die Prüfung der FRZ ergab Schmerzhaftigkeit im Bereich des Schultergürtels und in den Zonen der HWS. Die Frage „Bist du mal vom Rad gestürzt?" beantwortete Mirko „Nein, aber ich flog mal aus der Schaukel". Ich erklärte Mirko, wo der Schaden bei ihm säße (Schleudertrauma mit Verspannung des M. serratus anterior und Folgeverspannungen der Hals- und Nackenmuskulatur), und daß er nun ein- oder zweimal einen dollen Schmerz aushalten müsse, hinterher aber gar nichts mehr merken werde; er dürfe schimpfen und schreien und sich wehren - und nun los! Die Lösung des m. serratus ant. mit dem Spiraldruck stand Mirko tapfer durch. „Das war gar nicht so schlimm - aber meine Kopfschmerzen bin ich los!" Der Mutter zeigte ich, wie sie ihrem Sohn helfen könne, wenn nach einem erneuten Sturz vielleicht wieder Kopfschmerzen aufträten. Mirko ist seitdem ohne Beschwerden.

● 50jährige Patientin, fühlt sich sehr oft müde, benommen, zerschlagen, überfordert, kommt mit akutem Migräne-Kopfschmerz der rechten Kopfseite, vom Nacken her aufsteigend, zur Behandlung.

FRZ: Die gesamte Aponeurosis plantaris ist angespannt und empfindlich. M. serratus ant. +++, HWK 3+4 ++, M. latissimus dorsi ++, Glutealmusk. ++.

Nach der Beeinflussung der vegetativen Spannung erfolgt die Lösung der Muskelverspannungen mit dem Spiraldruck; die Kopfbeweglichkeit wird danach besser. Nach kräftiger Massage der Occipitofrontalis-Punkte und des besonders empfindlichen Temporalbereiches rechts bis über das Ohr folgt eine ausgedehnte Bauchmassage und Anregung des Nierenmeridians. Die Patientin fühlt sich „wunderbar entspannt, warm und müde". Die Kopfschmerzen sind schon viel geringer und gehen bis zum Abend ganz zurück. Die Patientin kann sich insgesamt gelöster bewegen (mit dem Auto rückwärts fahren geht wieder ohne Schwierigkeiten).

Nach Anleitung kann die Patientin Benommenheit und Schwindel mit der Massage der entsprechenden Punkte am Kopf selbst behandeln. Bis jetzt (vier Wochen nach der Behandlung) sind die sonst etwa zweimal pro Woche einsetzenden Kopfschmerzen nicht mehr aufgetreten.

● 43jährige Patientin, vor drei Jahren Epicondylitis links mit operativer Verlagerung des N. ulnaris; seitdem taubes Gefühl am linken Ellbogen. Jetzt seit mehreren Wochen ständig Schmerzen am rechten Ellbogen außen.

Die grobe Kraft der rechten Hand ist schmerzbedingt eingeschränkt, auch die Feinmotorik ist behindert, die Patientin kann nicht mehr schreiben. Physikalische Therapie (Wärmebehandlung und Massagen) brachten keine Besserung.

FRZ-Prüfung: rechts 5.–7. HWK ++, M. serratus anterior ++, latissimus dorsi +++, pectoralis major ++, beide Achsellücken ++++;
links: HWK 2–7 ++, serratus ant. +++, M. latissimus dorsi ++, Achsellücken ++.

Nach Behandlung der gefundenen Muskelverspannungen mit dem Spiraldruck sind Arme und HWS ohne Schmerzen frei beweglich. Nach einer Woche Nachkontrolle, Durchsicht und Behandlung aller Muskeln, von da an völlige Beschwerdefreiheit.

● 65jähriger Patient, morgens mit Schmerzen im linken Handgelenk aufgewacht; vorausgegangen war eine vermehrte Belastung der Hand durch Plattenlegen.

Eine Ruhigstellung der Hand bringt keine Besserung; es bestehen massive Schmerzen und Kribbelparästhesien in allen Fingern, in Hohlhand und Handgelenk, nächtliches Einschlafgefühl der linken Hand sowie erhebliche Schwellung der gesamten Hand mit livider Verfärbung. Der Schmerz strahlt aus in den radialen Unterarm, den lateralen Oberarm bis in die Schulter.

Befund: Der Kopf ist in der HWS frei beweglich. Reflexe seitengleich lebhaft; Radialispulse bds. tastbar. Faustschluß schmerzbedingt kraftarm. Die Sensibilität ist – insbesondere im Versorgungsgebiet des N. medianus – ungestört, Paresen bestehen nicht. Druck und Bewegung im Handgelenksbereich führen zu erheblichen Schmerzen, die Hand wird in Schonhaltung getragen.

Insgesamt besteht das klinische Bild eines CTS links, das sich elektrophysiologisch (EMG und ENG) jedoch nicht bestätigen läßt; das beschriebene Schmerzsyndrom wird daher einem entzündlichen Prozeß oder gefäßbedingten Veränderungen zugeordnet.

Wiedervorstellung 5 1/2 Monate später: Trotz einer Fülle von Behandlungsmaßnahmen trat keine durchgreifende Besserung der Schmerzen im linken Arm und in der linken Hand ein; es besteht das klinische Bild eines ausgeprägten CTS. EMG (M. abd., M. opponens poll.), ENG (motorische Medianusfasern) und sensible Neurographie (Stimulation am Zeigefingerendglied) ergeben im Vergleich zum Vorbefund vor fünf Monaten jetzt eine deutliche Verlängerung der distalen Latenz für den N. medianus links und damit auch elektrophysiologisch den Nachweis eines CTS links mit distaler Schädigung des N. medianus im Karpaltunnel.

FRZ: HWK 5–7 links ++++, beide Achsellücken ++++.

Spiraldruckbehandlung der Schulter-, Arm- und Unterarmmuskulatur. Anschließend Bindegewebsmassage.

Nach der Behandlung ist die Schwellung der Mittelhand zurückgegangen, die Finger sind besser beweglich, der Griff ist stark und fest.

Eine Woche später folgt die zweite Behandlung:
FRZ: HWK frei, M. serratus ant. ++, M. pectoralis und M. latissimus dorsi +.

Nach der Behandlung ist die gesamte Armmuskulatur frei, kräftiger Händedruck ist ohne Schmerzen möglich.

Zwei Wochen nach der ersten Behandlung ist der Patient anhaltend beschwerdefrei.

● 51jährige Patientin; rezidivierend Schmerzen in der rechten Schulter, sowohl vorn und hinten, als auch besonders außen bei Abduktion im Schultergelenk. Außerdem Schmerzen im Bereich des Epicondylus lat. und med., jeweils bei aktiver Anspannung der Antagonisten, dabei auch Schmerzen in der rechten Schulter. Nachts Einschlafen der Finger der rechten Hand, besonders betroffen ist der Mittelfinger.

Befund: HWS frei. Bewegungsschmerz in der rechten Schulter, besonders bei Abduktion. Vermehrter Muskeltonus fast aller Muskeln um das rechte Schultergelenk herum, einschließlich M. serratus ant. und M. latissimus dorsi. Druckschmerz distal beider Epicondylen.

EMG: Zeichen einer neurogenen Schädigung, z. T. schon länger bestehend, im Gebiet von C7 rechts; Zeichen einer distalen Medianusschädigung im Karpaltunnel.

FRZ: HWK 3-7 +++, M. serratus ant. ++++, M. latissimus dorsi +++, beide Achsellücken ++++.

Nach Behandlung der Muskelverspannungen mit dem Spiraldruck ist der Ellbogenbereich schmerzfrei, die Schmerzen in der rechten Schulter sind geringer.

Kontrolluntersuchung neun Tage später: Schulter und Epicondylen schmerzfrei, keine Symptome im Sinn eines CTS mehr nachweisbar, der rechte Arm ist sensorisch und motorisch funktionstüchtig. Es bestehen leichte Verspannungen des M. serratus ant., der Schulterheber und des M. teres major.

Das EMG zeigt wie im Vorbefund eine hochgradige Veränderung der sensiblen distalen Latenz und Leitungsgeschwindigkeit des N. medianus rechts.

Kontrolluntersuchung vier Wochen nach Behandlungsbeginn nach insgesamt vier Behandlungen:
klinisch beschwerdefrei, kein CTS, keine Epicondylitis, keine Schmerzen im Schulterbereich, keine Sensibilitätsstörungen oder Paresen. Elektrophysiologisch zeigt sich eine Besserung der sensiblen Nervenleitgeschwindigkeit gegenüber den Vorbefunden; die motorische NLG ist noch unverändert pathologisch.

● 46jähriger Patient im akuten Stadium einer rezidivierenden Ischialgie und Lumbalgie (der Patient kam gebückt, sich mühsam am Geländer hochziehend, die Treppe herauf).

FRZ: LWK ++, Kreuzbein ++, M. piriformis und Glutealmuskulatur ++++.

Nach der Spiraldrucktherapie war der typische Ischiasschmerz verschwunden, der Patient konnte sich schmerzfrei aufrichten, durch das Bein zog ein Wärmestrom bis zum Knöchel hinunter. Bei den nachfolgenden Bewegungsübungen klagte der Patient noch über Ziehen und Schmerz in der Wade bis hinunter zur Ferse. Im Sitzen und im Liegen mit angewinkeltem Bein war die Beckenmuskulatur frei von Verspannungen, auch die Oberschenkelmuskulatur war frei; erst im Stehen (betroffenes Bein als Spielbein) fand sich dicht am Trochanter major eine schmerzhafte Verdickung in der Muskulatur, nach deren Lösung mit dem Spiraldruck die Schmerzen verschwanden.

Dieser geschilderte Befund ist des öfteren bei Patienten zu erheben, die auf Kunststoffböden Tennis spielen; nicht durch vorbereitende Gymnastik aufgewärmte Beinmuskulatur ist anscheinend nicht geschmeidig genug, um das plötzliche Abstoppen auf diesen Böden durchzuhalten – es bilden sich reaktive Verspannungen an den kraftauffangenden Belastungspunkten. Die geschilderten Beschwerden sind mit dem Spiraldruck sofort behebbar und nicht unbeeinflußbare „Verschleißerscheinungen“.

● 23jähriger, gut durchtrainierter, muskulöser Amateurfußballer:

Nach beruflich bedingter zwölfwöchiger Trainingspause „voll wieder eingestiegen“, nach dem Training starke Schmerzen unter dem rechten Fuß sowie im Bereich der rechten Achillessehne. Die Beschwerden verstärken sich im Laufe der Nacht so, daß Auftreten, Gehen und Autofahren kaum noch möglich sind. Eine Schwellung des Fußes besteht nicht.

Nach fachärztlicher Diagnose handelt es sich um eine Sehnenscheidenentzündung unter dem Fuß sowie im Bereich der Achillessehne durch Überanstrengung.

FRZ: Kaum Empfindlichkeiten angegeben, der Patient ist von seinen „Fußballblessuren“ her „hart im Nehmen“.

Ein systematisches Abtasten der Muskulatur ergibt Verspannungen des M. tensor fasciae latae, m. piriformis und der Glutealmuskulatur. Bei der Lösung mit dem Spiraldruck „zieht es heiß“ das Bein an der Unter- und Außenseite entlang bis unter den Fuß sowie in den Lendenbereich hinauf.

Sofort nach dieser ersten Behandlung sind die Schmerzen im Fuß vollständig beseitigt, alle Bewegungen sind ungehindert möglich.

Der Patient wird angehalten, die Trainingsbelastung nur langsam zu steigern.

● 60jährige Patientin; akute Schmerzen im linken Oberarm. Röntgenologisch ergibt sich kein pathologischer Befund, Wärmebehandlung bessert die Beschwerden.

Vier Monate später Schmerzen im rechten Oberarm, mal mehr, mal weniger.

Zwei Monate später Sturz beim Sport, dabei stark mit den Händen abgestützt. Danach treten erneut heftige Schmerzen in beiden Oberarmen auf, besonders nachts, die sich durch kalte Kompressen lindern lassen.

Das Röntgenbild des rechten Schultergelenkes zeigt eine Gelenkentzündung. Acht Massagen im Nacken- und Schulterbereich bleiben ohne Wirkung.

Im Urlaub auf Gran Canaria sind die Beschwerden sofort verschwunden, nach der Rückkehr treten sie wechselnd oft und heftig immer wieder auf. Entzündungshemmende antirheumatische Medikamente helfen nicht; ein Rheumatest ist negativ.

Etwa ein Jahr nach den ersten Beschwerden verstärken sich die Schmerzen unerträglich, wandern in beiden Oberarmen und Schultergürtel; oft schmerzt (wie bisher schon vereinzelt) besonders auch die rechte Ferse, so daß Laufen fast unmöglich wird.

FRZ: HWK 5–7 +++; Achsellücken ++++. Rheumazonen Schulterbereich ++++, M. pectoralis major, M. latissimus dorsi +++.

Befund: Es besteht eine Epicondylitis lat. und med. beider Arme; besonders verspannt sind auch die Mm. coracobrachialis, bizeps mit beiden Köpfen, triceps brachii, teres major und minor, sowie die gesamte Unterarmmuskulatur als Folgeverspannungen.

In der ersten Behandlung wird nur an den FRZ Rheuma gearbeitet. Vier Tage später folgt die Spiraldruckbehandlung der betroffenen Muskeln. Danach sind die Arme frei beweglich, der Nackenbereich ist frei, es bestehen keine Schmerzen mehr.

Eine Woche später treten erneut Verspannungen und Schmerzen im Schulterbereich auf, die FRZ Rheuma (Schulter) sind stark druckempfindlich. Behandlung der Rheumazonen und Spiraldruck im Schulterbereich führen zur anhaltenden Beschwerdefreiheit; die Patientin wird unterwiesen, wie sie die FRZ Rheuma selbst behandeln kann.

● Am Schluß soll die Schilderung der Krankheitsgeschichte einer jungen Patientin stehen, die zeigen kann, wie schwer so ein diffuses Beschwerdebild aus der Sicht der üblichen Schulmedizin einzuordnen ist – erst das Erkennen der verspannungsbedingten Veränderungen und Zusammenhänge vermittelt den Schlüssel für das Verständnis dieser Symptomenvielfalt. Solche tief unglücklichen und deprimierten Patienten sind eben nicht grundlegend seelisch labil und damit die Klientel der entsprechenden Fachärzte, sondern sie sind von durchaus typischen funktionellen Störungen betroffen, die sich über lange Zeit hinweg auch in der psychischen Verfassung niederschlagen.

Die jetzt 35jährige Patientin arbeitete als Floristin im Kühlhaus; bereits seit dem 18. Lebensjahr litt sie an rezidivierenden Schmerzen am rechten Ellbogen – röntgenologisch als „Abnutzung bei zu eng stehenden HWK“ gedeutet –, die sie zur Aufgabe des Berufes zwangen. Ständig bestand ein mehr oder weniger „steifer Hals“; Massagen, Fango und Infiltrationen im Nacken-Schulterbereich brachten keine Linderung.

Vor acht Jahren – die Patientin arbeitete damals im Weinbau, oft mit Hack- und Schneidearbeiten beschäftigt sowie mit Kistentragen belastet – bildete sich im vorderen seitlichen Bereich des M. pectoralis major eine etwa hühnereigroße Schwellung; eine Probeexcision lehnte die Patientin ab, eine Mammographie ergab keinen pathologischen Befund. Körperliche Schonung führte zur Rückbildung der Schwellung.

Seit jetzt acht Monaten bestehen Schmerzen in der rechten Thoraxseite, die Patientin kann nicht auf der rechten Seite liegen, sie kann nicht richtig durchatmen und wegen der Sensibilitätsstörungen in diesem Bereich auch keinen BH tragen.
Röntgenologisch findet sich die oben beschriebene Veränderung der HWS. Es wurden Packungen, Interferenzbehandlungen und Massagen angewendet; krankengymnastische Bewegungsübungen führen zu einer Verschlimmerung der Beschwerden, die Patientin ist überhaupt nicht mehr schmerzfrei, hat Schlafstörungen und wirkt sehr bedrückt und unglücklich.

FRZ: besonders der m. serratus ant. +++; hier sind keine einzelnen Verspannungsstränge des Muskels fühlbar, die ganze seitliche Thoraxregion ist eine einzige derbe, ausgedehnte, verhärtete Platte.

Bereits einige Tage nach der ersten gründlichen aufbauenden Behandlung kommt die Rückmeldung: Freunde hätten angerufen und gefragt, was sie gemacht hätte, sie sei ja wieder ein ganz anderer Mensch geworden. Bei der drei Wochen später erfolgenden zweiten Behandlung bestehen nur noch einzelne Verspannungsstränge des M. serratus ant. rechts sowie eine leichte Sensibilitätsstörung rechts axillär. Kopfschmerz, Müdigkeit und Mutlosigkeit sind viel besser, die Patientin lacht wieder spontan.

Auch hier erfolgen regelmäßige weitere Behandlungen in längeren Zeitabständen, um Muskelverspannungen bereits im Anfangsstadium zu beseitigen.

Schlußwort

Über 25 Jahre Tätigkeit und besondere Erfolge bei der Behandlung verspannungsbedingter Schmerzsyndrome haben die Grundlage für dieses Buch vermittelt.

Über Jahre hinweg wurden spezielle Erkenntnisse über das Zusammenwirken von Muskelgruppen, ihre Ursache-Wirkungs-Beziehungen, den Einfluß von Muskelverspannungen auf Nerven- und Gefäßversorgung von Gliedmaßen und Organen und die Möglichkeit ihrer Diagnose an den FRZ sowie die Einflußnahme auf den menschlichen Körper durch Aktivierung von Meridianströmen und Bauchmassage zu einer eigenen Behandlungsmethode weiter entwickelt.

Die so entstandene manuelle Technik des reflexzonen-orientierten Spiraldruckes kann in vielen Fällen nachweislich schnell, einfach und effektiv auch dann helfen, wenn herkömmliche Behandlungsmethoden über lange Zeit unbefriedigend blieben.

Auch das Buch über „Unzeitgemäße Betrachtungen zur zeitgenössischen Medizin. Medizin im Zeichen der Zwiespältigkeit“ von Prof. Dr. Charles Lichtenthaeler, Medizinhistoriker in Hamburg, war Anreiz zu dieser Veröffentlichung, weil dort sehr klar und überlegt dargestellt wird, was gegenwärtig in der symptomorientierten, pharmakophilen und technikbetonten Behandlung von Patienten fehlt.

Die Dehnsche Therapie ist eine „Be-Hand-lung“ im wörtlichen Sinne, die mit trainiertem Tastsinn und fundiertem Grundwissen auch von jedem Laien erlernt werden kann und imstande ist, viele Störungen bereits im Anfangsstadium zu beseitigen. So wird eine generelle Krankheitsprophylaxe gerade für die so häufigen verspannungsbedingten Störungen des Bewegungsapparates möglich, die über ihre Wirkungsverkettungen das Gesamtbefinden so entscheidend mitprägen.

Durch vielerlei in der Schulmedizin bisher immer noch unterbewertete Verbindungen psychosomatischer Art gelingt mit der Dehnschen Therapie oft neben einer Befreiung von körperlichen Schmerzen und Beschwerden auch eine seelische Stabilisierung. Die Behandlung wirkt auf die Einheit und Gesamtheit von Seele und Körper; das menschliche Wesen wird damit wieder hineingenommen in eine „organismische Harmonie“, die umfassender ist als die enge naturwissenschaftliche Sichtweise der gegenwärtigen schulmedizinischen Behandlung.

Fremdwörterverzeichnis

Abduktion	Bewegung einer Extremität vom Körper weg
Achsellücke	eine im Bereich der hinteren Achselfalte gelegene, zweiteilige Lücke, die von den Muskeln und Sehnen der Schulter- und Oberarmmuskulatur gebildet wird und durch die Gefäße und Nerven hindurchtreten (s. Abb. 7)
Adduktion	Bewegung einer Extremität zum Körper hin
Adduktoren	Sammelbegriff für die Muskeln, die das Bein an den Körper heranbewegen
Adduktorenloge	Spalte zwischen den Adduktoren des Beines für A. und V. femoralis
analgetisch	schmerzbekämpfend
angulus	Winkel
Antagonist	Gegenspieler
Aponeurose	flächenhafte Sehne
Atemexkursion (des Thorax)	Bewegung des Brustkorbs beim Atmen
Atrophie	Schwund, Abbau
calcaneus	Fersenbein
condylus	Gelenkkopf
crista	Leiste, Kamm
Diagnostik	Lehre, (Krankheiten) zu erkennen
diaphragma	Scheidewand
disponiert	veranlagt
dorsal	hinten liegend, der Rückseite zu
effektiv	wirksam
eminentia	das Hervorragende
extensor	Ausstrecker (Muskel)
Extremität	Gliedmaße (Arm oder Bein)
femur	Oberschenkel
flexor	Beuger (Muskel)
fossa poplitea	Kniekehle
Grenzstrang	rechts und links der Wirbelsäule liegender Strang miteinander verbundener sympathischer Ganglien (Nervenzellknoten)
Hämatom	Bluterguß, „blauer Fleck“
Hartspann	flächenhafte Verhärtung eines Muskels
humerus	Oberarm
inferior	weiter unten gelegen
innervieren	mit Nervenreizen versehen
Innovation	Neuheit
Inspiration	Einatmung
involvieren	beteiligen, mitbetreffen
Irritation (eines Nerven)	Reizung
Ischialgie	Nervenschmerz des N. ischiadicus
Karpaltunnel	durch Handwurzelknochen und Bänder gebildeter Kanal an der Palmarseite der Hand, durch den Sehnen und Nerven vom Unterarm in die Hohlhand ziehen
Kasuistik	Beschreibung eines Krankheitsfalles

kaudal	abwärts liegend
Kompendium	kurzgefaßtes Lehrbuch
Komponente	Teil (eines Ganzen)
Kompression	Einengung durch Druck
Konstitution	körperliche Verfassung
Läsion	Schädigung
Latenz	Verborgensein, unbemerktes Vorhandensein (einer Krankheit)
lateral	seitlich
levator	Heber (Muskel)
ligamentum	Band
manifest	deutlich erkennbar
manuell	mit der Hand
margo	Rand
masseter	Kaumuskel
motorisch	die Bewegung betreffend
Myogelose	teigige knötchenartige Verhärtung eines Muskels durch Einlagerung von Schlacken bei Verspannung
Myologie	Lehre von den Muskeln
Obstipation	Verstopfung
os coccygis	Steißbein
os ischii	Sitzbein
os sacrum	Kreuzbein = miteinander verschmolzene fünf Kreuzbeinwirbel
otogen	vom Ohr herrührend
Parästhesie	Mißempfindung von Nerven, z. B. Kribbeln
pars	Teil
patella	Kniescheibe
Pathogenese	Krankheitsentstehung
physiologisch	die normalen Lebensvorgänge im Organismus betreffend
plantar	zur Fußsohle hin
Plexus	Geflecht (von Nerven)
prominent	hervorstehend
Pronation	Einwärtsdrehung (z. B. beim Unterarm wie zum Brotschneiden)
proximal	dem Stamm (Körper) zu
Regeneration	Wiederherstellung
Rotation	Drehung
scapula	Schulterblatt
Sensibilität	Empfindungsfähigkeit (von Nerven)
sensorisch	die Aufnahme von Sinnesempfindungen betreffend
Sonnengeflecht	= Plexus solaris, Bauchhöhlengeflecht des autonomen Nervensystems, vor allem im Bereich hinter dem Magen gelegen
spina	Dorn, Stachel
Stenokardie	„Herzenge“: Beklemmung, Angst und Schmerzen
stereotyp	immer wiederkehrend
sternum	Brustbein
subtil	die Feinheiten erfassend
supra	oberhalb

sympathisch (Nerven)	zum vegetativen Nervensystem gehörend
Symptomatik	Mosaik einzelner Krankheitszeichen
Syndrom	Ansammlung mehrerer Krankheitszeichen, die in typischer Weise vergesellschaftet sind
Tendopathie	krankhafte Veränderung einer Sehne
thorakal	die Brustgegend betreffend
tibia	Schienbein
topographisch	lagebeschreibend
toxisch	vergiftend
Trauma	Verletzung, seelische Erschütterung
trophisch	gewebsernährend
tuber	Hügel
tuber ischiadicum	Sitzbeinknorren: Hauptteil des knöchernen Beckens, auf dem man sitzt
ultima ratio	letzter Ausweg
vegetativ (Nerven)	dem Willen nicht unterliegend, unwillkürlich
ventral	vorn, der Vorderseite zu

Literatur

Benninghoff: Lehrbuch der Anatomie des Menschen. 14. Aufl., Urban & Schwarzenberg, München 1985.

Boyesen, Gerda: Über den Körper die Seele heilen – Biodynamische Psychologie und Psychotherapie. Kösel, München 1987.

Gleditsch, Jochen M.: Reflexzonen und Somatotopien als Schlüssel zu einer Gesamtschau des Menschen. WBV, Schorndorf 1983.

Lichtenthaeler, Charles: Unzeitgemäße Betrachtungen zur zeitgenössischen Medizin. Medizin im Zeichen der Zwiespältigkeit. J. F. Lehmanns, München 1965.

Pschyrembel: Klinisches Wörterbuch. De Gruyter, Berlin.

Rauber/Kopsch: Lehrbuch und Atlas der Anatomie des Menschen Bd. 1–3. 15./16. Aufl., Georg Thieme Verlag, Leipzig 1939/1943.

Sobotta/Becher: Atlas der Anatomie des Menschen Bd. 1–3. 17. Aufl., Urban & Schwarzenberg, München 1973.

Voss/Herrlinger: Taschenbuch der Anatomie Bd. 1–3. 13. Aufl., Gustav Fischer Verlag, Stuttgart 1971.